冒险有瘾

东边蒙古，西边伊朗

赵 淳◎著

A Fascinating Adventure

In Mongolia and Iran

中国地图出版社

图书在版编目（CIP）数据

冒险有瘾：东边蒙古，西边伊朗 / 赵淳著 . —北京：中国地图出版社，2017.6
ISBN 978-7-5031-9903-5

Ⅰ.①冒… Ⅱ.①赵… Ⅲ.①游记 - 欧洲 ②游记 - 亚洲 Ⅳ.① K950.9 ② K930.9

中国版本图书馆 CIP 数据核字（2017）第 113330 号

策划编辑　于至堂
责任编辑　于至堂
出版审订　赵　强

冒险有瘾：东边蒙古，西边伊朗
A Fascinating Adventure in Mongolia and Iran

出版发行	中国地图出版社			
社　　址	北京市白纸坊西街 3 号	经　　销	新华书店
邮政编码	100054	印　　张	17
网　　址	www.sinomaps.com	版　　次	2017 年 6 月第 1 版
印刷装订	北京华联印刷有限公司	印　　次	2017 年 6 月北京第 1 次印刷
成品规格	170×240mm	定　　价	49.00 元

书　　号　ISBN 978-7-5031-9903-5
审 图 号　GS（2017）916 号

如有印装质量问题，请与我社发行部联系，联系电话：63533909，如有图书内容问题，请与本书责任编辑联系，联系方式：dzfs@sinomaps.com。

CONTENTS 目录

序一 ... 001
序二 ... 006

上部
东边蒙古

第1章　写一本《与50国交警周旋手册》　002
第2章　ATA单证册，最低十万元押金　012
第3章　哈国驻华使馆，签证官一阵狂笑　018
第4章　二连浩特国门前，敢不敢赌一把？　029
第5章　蒙古国口岸，咱的组织领事馆　042
第6章　这是哪位神仙姐姐在暗中助我？　051
第7章　皱皱巴巴的警服掩饰了他的气场　056
第8章　与蒙古国警察打交道，是怎样的体验？　064
第9章　不把爱恨扯平，咋能真正谈感情　076
第10章　难道多一条枪就会多一分恐怖吗？　087

下部
西边伊朗

第 11 章	边境上，捎客贾巴歪嘴儿怪笑	094
第 12 章	边境小城阿斯塔拉，初识伊朗	103
第 13 章	怎样开着中国牌照的小车进伊朗？	116
第 14 章	速写德黑兰，何为政教合一？	124
第 15 章	大巴扎，碰见了热情的哈桑	136
第 16 章	古列斯坦王宫的咖啡时光	147
第 17 章	库姆圣陵，伊朗的第二圣城	158
第 18 章	卡尚的费恩花园，邂逅小昭	170
第 19 章	奥比扬奈，波斯文化活化石	179
第 20 章	亚兹德，拜火教最后的据点	187
第 21 章	波斯波利斯就是伊朗的象征	201
第 22 章	设拉子，灯王之墓与粉红清真寺	209
第 23 章	"伊斯法罕半天下"	224
第 24 章	西北角，驾着祥云，翩翩而至	236
第 25 章	伊朗海关官员，至少还有情怀	244

跋   251

序 一

2016年5月一个凉风习习的傍晚，应H哥之邀，在重庆嘉陵江边一家餐厅参加一个小范围的私人聚会，席间见到了来自新加坡的Alfred（阿尔弗雷德）。

Alfred刚从川西高原游荡了20多天，一脸的高原红还没来得及消退。H哥解释说，因为Alfred拿的是新加坡护照，外国人进西藏需诸多手续，所以这次就只去了川西。

"去了川西却没能进西藏，有点儿那个啥啊！"我说。

现已移居澳大利亚的H哥曾经多次进藏，他甚至在20世纪90年代的某一天驾车穿过喜马拉雅山山口，直接就溜达到了山那边的尼泊尔。这在今天也许不算什么了不起的事情，但在当年绝对是一个壮举。深谙西藏之美的H哥说："是的，没能见到西藏的那些著名的雪山，是挺遗憾的。"

"譬如说，西藏著名的圣山之王冈仁波齐。"我补充道。实际上，去转一转海拔6638米的冈仁波齐雪山一直是我的一个梦想，但囿于身体的原因却又难以成行，长此以往，竟成心结。

听了我们的感慨，Alfred倒满不在意的样子。他建议道："去不了冈仁波齐圣山，咱们可以到非洲的乞力马扎罗山去看看啊。现在气候变化很大，那里的雪都快融化完了。"

我和H哥迅速交换了一下眼神——这个可以有！

位于赤道附近的非洲最高峰乞力马扎罗山海拔5895米，它之所以遐迩闻名，很大程度上有赖于海明威的名著《乞力马扎罗的雪》。小说中，海明威以精彩细腻的笔触描写了一个垂死之人的情感体验和心路历程。在非洲狩猎的作家哈里遭遇汽车抛锚，并染上坏疽病。他和情人在等待一架飞机来把他送到医院治疗。哈里人生阅历颇丰，与不同的女人有染，这一切他一直都打算写下来却没来得及写。故事的结尾，他死于一个梦境：他乘着飞机，向非洲最高峰乞力马扎罗的山顶飞去。这暗示着哈里对死亡已有了深层的感悟，所以在小说的开头，海明威写道："在西高峰的近旁，有一具已经风干的豹子的尸体。豹子到这样高的地方来寻找什么，没有人做过解释。"实际上也不需要解释，豹子在如此高度上出现，本身就有了独特的意义。

那天，就着温暖的夕阳，H 哥、Alfred 和我兴致颇高地讨论起了攀登乞力马扎罗山的种种可能性。我想，就算不能去冈仁波齐转山，至少还有机会可以去攀登海明威笔下的乞力马扎罗雪山。一阵莫名的兴奋之后，忽然记起，其实在那个聚会之前，我就已经买好了当年夏天飞古巴首都哈瓦那的机票。

Bodeguita，海明威生前最喜欢的哈瓦那酒吧之一

而古巴是海明威从 1933 年起就一直生活的地方。在那里，他写下了世界文学史上的名著《老人与海》和《丧钟为谁而鸣》。

世界很有逻辑，在貌似不经意间它就悄悄地将不相干的时间、事件和人物紧紧地联结到了一起。

这一次，纽带是海明威。

一个人，当所有的梦想都已褪色，剩下的选择会是什么呢？我猜，海明威曾经也很有可能与这个问题遭遇过，所以才有了不朽的名著《老人与海》。传奇般的经历造就了他对人生独特的领悟，以及对生命的深刻理解。而晚年沉重的病痛亦丰富了他对死亡的想象，这使得他笔下的死亡总是带着某种神经质的敏感和宗教式的吊诡。

2016 年 8 月，取道美国和墨西哥，我来到海明威生活过近 30 年的古巴。然后，在一个汗津津的下午，坐在哈瓦那的那间全名叫 La Bodeguita del Medio（中国游客一般把它叫作五分钱酒馆）的酒吧里，我被挂在墙上的据说是海明威手书的一个与文学或命运并无直接关系的著名句子所吸引：

My mojito in la Bodeguita.

My daiquiri in el Floridita.

——Ernest Hemingway

翻译过来就是："我的 Mojito 在 Bodeguita 酒吧，我的 Daiquiri 在 Floridita 酒吧。" Mojito 和 Daiquiri 是两种以朗姆酒为基酒调出来的鸡尾酒。Bodeguita 酒吧挤满了来自世界各地的海明威粉丝。吧台里那个古巴女孩儿以极为熟练的手法在每一个空杯子里放入数片新鲜薄荷叶，舀上一小勺糖，再挤几滴新鲜的柠檬汁。然后旁边那位秃顶调酒师接过去，用特制的小木棍把杯子里的玩意儿捣碎，倒进适量苏打水，再倒入适量朗姆酒，最后放入冰块，轻轻搅匀，就成了一杯薄荷清凉的 Mojito（国内一般翻译为莫吉托）。实际上，Mojito 这款遐迩闻名的鸡尾酒调得是否成功，便取决于白朗姆酒、苏打水、青柠檬、薄荷叶、砂糖这五种原料在某个微妙的点上的完美平衡。

Bodeguita，海明威手迹

客人们端着各自的杯子，在拥挤的 Bodeguita 酒吧里慢慢地享受着调酒师最后掺入的苏打水所搅起的细密气泡带来的清爽口感。说实话，酒调得真不错，但缺乏新意，或者说缺乏某种我们时常暗中期待的冒险精神。在古巴，无论你走进哪个酒吧，点上一杯 Mojito，只要调酒师按照配方去配制，他大致就不会失败。这款酒似乎有点儿过于四平八稳了，我甚至都有点儿怀疑这难道会是海明威最喜欢的一款鸡尾酒吗？

"生活能伤害你，但你要从受伤处开始生活得更坚强。"这样的口吻是典型的海明威风格。不过，令人难以置信的是，说出这句话的硬汉海明威，最终却在 1961 年 7 月 2 日亲手用一支猎枪轰掉了自己那颗天才的脑袋。从精神分析学来看，每个人都必须死两次，第一次为生物学上的自然死亡，第二次为符号死亡。所谓符号死亡，是一个更为复杂、也更具阐释意义的现象，它是对自然死亡所进行的符号化处理。海明威结束了自己的物理生命，但他的精神却借助文学符号永远地流传下来了。这便是人们经常说的"有的

Bodeguita，女孩儿正在调制 Mojito

人死了却还活着，有的人活着却已经死了"这句话在精神分析学上所具有的深邃内涵。

　　简洁干净的文字，冰山半掩的手法，含蓄凝练的意境，这就是海明威。在哈瓦那的那些日子里，泡在海明威生前所喜欢的酒吧，品着海明威生前所钟爱的鸡尾酒，憧憬着不远的将来的某一天，经过艰难跋涉最终登上海明威笔下的非洲乞力马扎罗雪山——那一刻的感觉是诡异的，有一种语言所不能捕捉的空灵感。仿佛此前所有的人生阅历与际遇，就是为了有一天能够历经艰辛、不远万里地飘荡到那些奇妙的地方去五味杂陈……

　　本书此序，写于哈瓦那。

序 二

2015年夏天,我驾着一辆中国牌照的小车在70天里跑了7万多里(境外全程36000千米),用车轮丈量了亚欧大陆六国。先是一波三折、跌宕起伏的蒙古之行,而后是横穿广袤无垠的西伯利亚,从俄罗斯南方经过阿塞拜疆共和国进入拥有数千年历史的文明古国伊朗,而后从伊朗经亚美尼亚共和国、格鲁吉亚共和国回到俄罗斯车臣地区,从顿河河畔的罗斯托夫北上莫斯科、圣彼得堡,经彼得罗扎沃茨克抵达北冰洋岸边的不冻港摩尔曼斯克,然后南下金环小镇地区,最后沿俄罗斯东西大干线到满洲里回国。

这本书着重讲述的是我在2015年夏天那次7万多里穿越亚欧大陆行程中的蒙古和伊朗两国的旅途见闻和心路历程,其内容既包括波谲云诡的经历、令人惊奇的际遇、起承转合的逻辑,也涵盖文化沉淀、人文风貌、国际政治、经济状况、自然景观等方方面面。

这本书从我的亚欧大陆之旅中截取的诸多事件,可能会涉及哈萨克斯坦驻华大使馆、中国驻蒙古国扎门乌德领事馆、蒙古国交通警察部门和移民局、中国驻伊朗大使馆,以及国内相关部门和机构等。所以,在叙述中,如涉及不方便直言的敏感的外交和外事内容,笔者都会做模糊化处理,特此说明。

俄罗斯车里雅宾斯克地区,西伯利亚大通道

上 部

东 边 蒙 古

A Fascinating Adventure
In Mongolia and Iran

第 1 章

写一本《与 50 国交警周旋手册》

最近一次去澳大利亚，是 2014 年夏天。当时，在悉尼租了一辆房车，悠悠闲闲地游荡于澳大利亚东南沿海区域和俗称内陆（Outback）的中部荒原地区。一个月后，把房车还回位于悉尼市郊的租车公司。办理完房车结账手续出来，租车公司小妹为我预订的那辆前往机场的出租车已经等在了门口。

出租车司机是一位异常健谈的老爷子，满是皱纹褶子的脸上长着一只鹰勾鼻子。他的英文夹杂着大量的大舌弹音。一问，果然，他们一家子是十来年前从东欧罗马尼亚移民到澳大利亚来的。

"哦，罗马尼亚？你的祖国我前段时间正好去过。"

"真的吗？那么你是哪里人呢？"

"我是中国人。"

听到我说 Chinese（中国人）这个单词，老爷子明显虎躯一震，顾不得车子在密集的车流中缓步挪移，稍有不慎便会与他车刮蹭，扭过头来认真地打量了我一番，说："现在你们中国人喜欢满世界旅行。"

我笑道："因为我们已经不是原来的我们了，一切都在改变，不是吗？"此言一出，我便感觉到，老爷子似乎对这个关于改变的话题颇感神伤，于是转而问道："那么，老爷子您贵庚啊？"

老爷子黯然道："63 岁了，再干两年左右就可以退休了。"

这让我一下子想起了两个月前——2014 年 5 月的一则新闻：由于资源出

口减速，国民经济受到影响，澳大利亚政府宣布，到2035年，澳大利亚民众的退休年龄将从现在的65岁提高至70岁。

按照正常的桥段，这个时候，老爷子应该对他们的政府破口大骂了——说好的60岁退休已经给拖到了65岁，现在又打算推迟到70岁，幸好老子马上要退了！快交代，俺们澳大利亚的退休基金都被谁给贪了？

但是，他压根儿就没打算在这个话题上继续下去，话锋一转，竟然说回罗马尼亚，或者准确地说，说到了罗马尼亚的军火生产："俺们罗马尼亚现在没落了，俺们曾经都能生产武器，而今被那帮孙子搞得一团糟，竟然基本上都靠进口了！"

老爷子一边在悉尼的车流中猛烈地转动着方向盘，一边用带有浓郁罗马尼亚口音的英文嘚啵嘚啵地讲述军火武器这一类话题，这让我很是蒙了一下。也许，老爷子是希望为罗马尼亚找到一个值得骄傲的东西，以便在一个来自社会主义国家的中国人面前为自己挣得一点儿面子？可是，罗马尼亚曾经有过军火生产吗？在我的印象中，这个黑海岸边的东欧小国，在冷战期间确乎是曾经取得过一些重工业方面的成就。譬如，当年他们的汽车品牌Dacia（达契亚）在社会主义国家阵营中就占据过一席之地。20世纪90年代，中国曾经还进口过一大批Dacia皮卡。不过现在这个品牌已经卖给了法国雷诺，不再属于罗马尼亚了。

当下的罗马尼亚还有什么呢？又还能有什么呢？几年前，我曾经驾车从匈牙利进入罗马尼亚，然后去往巴尔干地区。罗马尼亚给我留下最深刻的印象，首先是它的自然风光很美，美到完全没朋友的地步，尤其是其中部喀尔巴阡山脉一带；其次，该国的黑社会极其猖獗，用欧盟的评语来说，就是该国无法遏制"有组织的犯罪活动"；最后，这个国家不少地方极其腐败，当年，在我驾车经过罗马尼亚进入保加利亚时，就遭受过该国海关官员的无端敲诈和勒索。

看得出来，老爷子对罗马尼亚今日的状况也心知肚明，故而很小心地不提当下，只是享受着自己对罗马尼亚曾经的军火工业的回忆。一路上，很多次我都想打断他聊聊其他的话题，但都未来得及问。

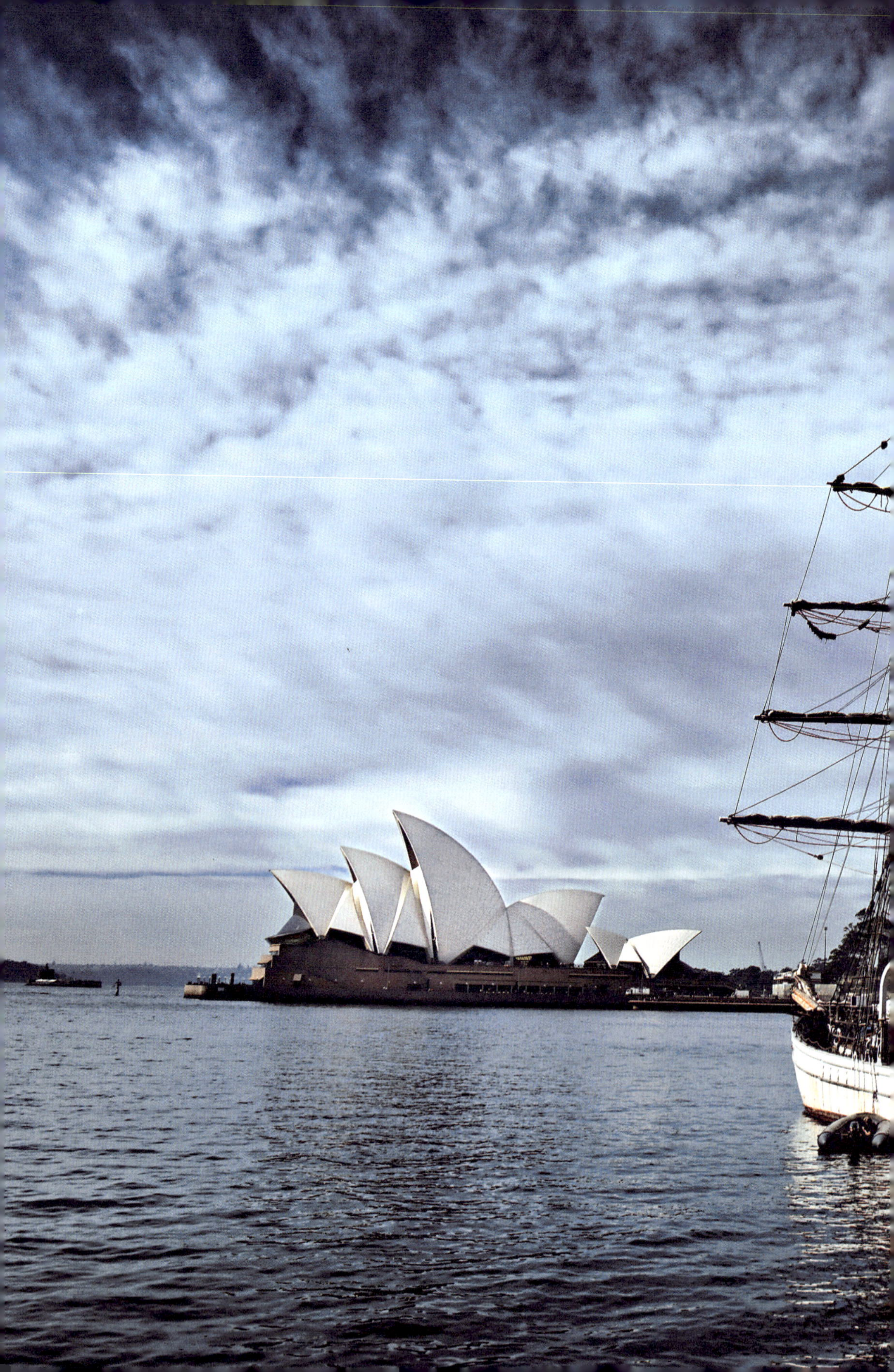

悉尼歌剧院

看年龄，老爷子显然是从冷战时期走过来的人。他引以为骄傲的记忆，竟然来自罗马尼亚那微不足道的军火生产！实际上，与冷战时期华沙条约集团的苏联、捷克、民主德国的军工生产相比，罗马尼亚的军火就是一个笑话。当年的罗马尼亚，是否也像今天有的国家一样搞过什么类似于"先军政治"的东西呢？不得而知。

但最终我也没忍心打断他的喋喋不休。由于得知我从中国来，老爷子对我有着浓郁的好奇感。这种情绪，我们并不陌生。我们中国人对那些曾经的社会主义国家不也同样抱有强烈的兴趣吗？我们想了解的是，蹚过了河的他们现在的日子到底过得怎么样了？是更好呢，还是更糟？抑或没什么变化？而他们同样也想知道，若干年来坚持不懈地在河里摸着石头的我们生活得如何了？

悉尼圣玛丽大教堂

2014年夏天，在从澳大利亚回国的飞机上，我决定要尽快开始我的横贯亚欧大陆的文化之旅，要亲自去欣赏和体验不同国家那纷纭庞杂、丰富多彩的文化多样性。在那片辽阔的大陆上，我的旅行计划既涵盖由苏联分解出来的俄罗斯、阿塞拜疆、亚美尼亚、格鲁吉亚等，也有我们神秘的近邻——前社会主义国家蒙古，更包括拥有数千年历史的文明古国波斯。

主观上，当然是个人兴趣使然。儿时最大的梦想，就是希望有一天能够一步一步地走遍天涯。现在，要纯粹靠两条腿去步行，那是有点儿不现实了。但至少可以开车前往，用车轮丈量世界。广袤无垠的亚欧大陆，无疑就是我们在这颗星球上旅行漂游的最好场域。

客观上，这也是一件宜早不宜迟的事情。无他，盖因部分中国自驾车游客在海外不注意自身修养和素质，无视他国的习俗甚至法律，把国内一些恶

悉尼老码头酒吧

劣的驾驶习惯带到国外，令人生厌。譬如，鉴于最近这些年中俄关系持续升温，俄罗斯人大体上对中国游客还是持友好的欢迎态度。但是，某些中国人驾着房车跑到俄罗斯贝加尔湖畔宿营时，随意乱扔垃圾、随意生火，已引得当地俄罗斯人大为恼火。在中俄之间的满洲里口岸，俄罗斯方面已经开始对中国房车入境采取了比较严格的限制政策。而我在国外所见的某些中国驾驶员的种种为所欲为、横冲直撞，也一定程度上增加了我自驾穿越亚欧大陆的紧迫感。

一言以蔽之，赶紧驾车前往，晚了也许就去不成了，人家很有可能就会限制中国驾照了。实际上，现在已经有一些热门旅游国家不允许中国游客持中国驾照在他们国家驾驶了。

不过，不要因为我在此批评某些中国人在他国驾驶时按照中国的习惯在道路上随心所欲，想转弯就转弯，想抢道就抢道，就以为我在任何时候、任何地方开车都是百分之百地遵守交通规则。我的意思是，由于俄罗斯国土过于辽阔，我不得不在人迹罕至的西伯利亚地区经常超速驾驶。虽然看起来有点儿像为自己找借口，但还是不得不澄清一下，此举确乎是被迫无奈。广袤无垠的亚欧大陆路途太遥远了，不超点儿速，猴年马月才能回到中国？这样做的后果就是，路上多次被暗藏在路边树林的警察拦下来——最高纪录是一天之内被警察拦下七次。拦下就拦下吧，就像其他被拦下的俄罗斯驾驶员一样，下车去跟交警沟通交流，聊聊工作家庭，聊聊性情爱好，朋友就是靠真诚的交流而来。

然后呢？然后就继续上车赶路。

话虽如此，实际上对于交通规则，我一向有着某种近乎宗教狂热式的崇敬。且不说是在西方国家驾驶，就是在中国国内，也一贯循规蹈矩，绝对不会主观地去违反交通规则。可是，在西伯利亚那些荒无人烟的公路上，基本上就没有不超速的车。如果按他们的官方限速90千米/小时的话，那我的车就成了双向两车道的西伯利亚公路上最慢的那一个了，后面将会不断地有各种小轿车、大货车"嘀嘀嘀"地摁着喇叭挤着超越上来。所以，我不得不加大油门，以便跟上俄罗斯西伯利亚的行驶速度。一个没有料到的体验就是，在亚欧大陆上驾车时的偶尔超速，在无伤大雅的情况下，竟然会给人带来想象不到的快乐，一种因不得不违规超速而愧疚的快乐。当然，这种快乐现在只留存于我的记忆之中，在别的任何地方，现在与将来，我都不愿也不敢如此超速。

今天，可以毫不夸张地说，这次亚欧大陆驾车穿越下来，我基本上就成了老"游"条。面对荷枪实弹的蒙古、伊朗、俄罗斯等国的警察，基本上能够做到面不改色心不跳。在一次与媒体朋友的饭局中，酒过三巡之后，我突发奇想，开始思考是否要写一本《与50国交警周旋手册》。饭桌上我的那位混迹于媒体之中的朋友听了之后立马兴致盎然地说："你这个秘籍写得足够有趣的话一定很受欢迎！"三分钟后，他旋即又沮丧地说："不过，很可能没有一家出版社敢出啊，这个标题太不和谐了，那个度太不好把握了，稍不留意，就有教唆他人违法犯罪的嫌疑！"

玩笑归玩笑，不管怎样，哪怕没有出版的希望，我还是期待在有生之年，多多游荡，然后在老掉牙之时，能够走遍这世界，写一本《与全世界交警勾兑秘籍》，为身边那些循规蹈矩、按部就班的好朋友提供一点点在国外驾驶时干"坏事"的攻略。在这个日益同质化的、枯燥乏味的世界，每一个男人的心底深处也许都压抑着一个渴望调皮捣蛋、活出自我的童真男孩儿吧……

对于从前的许多人来说，世界基本是二元的，亦即东/西、高/矮、好/坏，等等；而现在的人们当然知道，在黑与白之间还存在从深灰到浅灰无穷多的可能性。正是因为这些可能性，那些曾经与我们有着千丝万缕关联的、位于亚欧大陆上的如蒙古、伊朗、俄罗斯、阿塞拜疆、亚美尼亚、格鲁吉亚的人文、景观、事件才会呈现出纷纭庞杂的样式。如果我只是简单地将自己满世界的游历与体验当成一次旅游，一次哪怕是广场舞大妈花几个钱参加一个旅行团都可以来一把的旅游，那就跟喝一杯糖水无异，有点儿小甜，但过后立马就寡淡无味。许多东西，只有当我们试图从深层次去思考、去观照之时，它才会变得更有意思。

若您仅仅钟情于对异国之恢宏磅礴的古典建筑发伤怀喟叹，对他乡之精巧奇妙的典雅小镇抒小资情怀，那么荡气回肠、豪情干云的亚欧大陆也许并非您之所爱。对我来说，在这个世界，在这个由七大洲四大洋组成的世界，我们游荡已久，怎么可能还躲在自己的小宇宙中，做无病之呻吟？

悉尼街头表演的土著人

最近这些年，随着我的两本彩版图文游记的出版——其中《最欧洲》还在我完全没有去宣传的情形下，在出版三个月后悄然就登上了全国同类图书京东销量排行第一名——以及在若干期刊上刊发各国散记、旅行图文之后，便经常都会有全国各地的朋友向我要攻略。我说没有。旅行于我，原本就是一场娱乐，一次对好奇心的满足，犯不上那么劳神费力地用什么攻略来消费和折腾自己。这就好像您哪天忽然兴起，打算去北京、上海玩玩，您会提前费尽功夫去做什么详尽的攻略吗？

旅行就是一场随心的邂逅，有了详尽的攻略，便好像被人忽然就塞进了洞房。没有恋爱经历的花烛之夜，该是多么寡淡无趣？

悉尼大桥

第 2 章

ATA 单证册，最低十万元押金

事后回想起来，这次旅行应该是从 2015 年春天一个阳光明媚的下午开始的。当时，我和××省贸促会暨国际商会××部的负责人通电话。针对我对将 ATA 单证册与私家车出境捆绑在一起收取高额押金这一政策提出的疑问，电话那头那位女士语重心长地对我说："你自驾出国，我们收你押金，也是一种为你负责任的态度对吧？"

对此我断然否定："不对！首先，ATA 单证册这个手续，国外并不需要中国私家车驾驶员出具；其次，从国内南方的磨憨口岸驾车出境也不需要 ATA；最后，一旦发生意外，车友不能将车子驾驶回国，你们就将押金扣留。所以，这个负责任的态度，如果有的话，也只是对你们的利益负责，与广大开车出国的私家车车主无关。"

她说："你不要激动，咱们有理说理嘛。"

我说："我没激动，我正在步道上慢跑锻炼，有点儿喘而已。"

故事就从这里开始。

ATA 单证册封面

在过往那些痴迷的岁月里，我曾经驾驶一辆6缸2.5升排量的黑色轿车东奔西走。国内且不说，单是国外，就曾经两次驾着这辆黑色轿车南下东南亚，从云南的磨憨口岸出境，经过老挝、泰国、马来西亚，最远抵达中南半岛的顶端。虽然那辆车车况很好，从未出过故障，甚至在它辉煌的汽车生涯中连轮胎都不曾漏过气，但毕竟也有四年左右的车龄了，如若继续劳累着它去穿越茫茫的亚欧大陆，我是既不忍心，内心也不踏实。于是，为了2015年夏天的西行顺利启程，特在当年1月购买新车一辆。

进行如此规模的穿越驾驶，购买新车时至少要考虑到两个方面的因素：一是性能必须相对可靠；二是价格不能太贵。

之所以要用新车去完成这一次旅行，盖因路途漫漫，要是出故障，将非常麻烦。亚欧大陆之行，单单是境外部分就有7万里。其中，在俄罗斯境内的西伯利亚地区，很多路段人迹罕至，一旦抛锚，要想找修理店，那您得先走到几百千米之外的城镇去才行。这便是要在可能的前提下，尽量追求稳定而可靠的汽车性能的原因了。经过一番选择，在2015年1月我新购了一辆某品牌的旅行轿车。当时，还曾经在这个品牌的车友论坛发帖，请教了若干技术问题，得到了积极的回应。车友们的建议给了我很大的帮助。经过将近半年的磨合期之后，从7月开始，与这辆车一起开始了我的亚欧大陆穿越之旅。

总体来说，我的这辆旅行轿车结实耐用，虽然发生过一些小毛病，但大问题基本没有。此番万里远行，此车除了轮胎扎钉漏气之外，还有这样一些损伤：在俄罗斯西伯利亚大通道和大货车会车时，前挡风玻璃被卡车溅起的石子砸出了一条60厘米左右的裂缝；另外一次伤害则发生在俄罗斯贝加尔湖畔。当时车到湖边，忽见美景，我一激动，抓起相机就跳下车去拍照，结果忘了拉手刹，车子自己后溜，车右后尾撞在了路边隔离墩上，造成车尾破损。泪奔的是，回国后，上面两个损失未能从保险走掉，我不得不自费好几千元在购车的4S店修理。真希望4S店给我修车定价的那位先生，看到这本书之后能够到墙角去面壁三分钟，红着脸自我反省一下，下次再对其他顾客定损时不要那么手黑。

接下来要考虑的是亚欧大陆之旅购车的第二个原则，价格不要太贵。

现阶段的中国，如果要驾私家车从北方口岸出国，先决条件是必须办理ATA单证册，而办理ATA的先决条件则是交付价值车价50%~70%的押金。这笔押金的数量，因你可能去往的国家不同而不同。原则上来说，越贵的车，押金就交得越多。一旦车子不能回国，将视同走私，押金不退。所以，出境的小车大都不会选择车价太高的。当然，如果你完全不考虑钱的问题，就另当别论。

那么，ATA单证册具体是一个什么东西呢？

ATA单证册，又称为货物免税进口护照，是国际上广泛使用的一种海关文件。这一国际海关制度自1963年实施以来，受到了商务人士的普遍欢迎，年度签发量和所涉货物金额不断增长。根据国际商会最新统计资料，1999年全球签发了约20万份ATA单证册，涉及货物金额达到120亿美元。

我国从1998年开始实施ATA单证册制度，成为第52个正式成员。目前，接受单证册的国家和地区总数已达到89个。ATA单证册传统上由各国政府指定的专门商会签发，我国ATA单证册的签发和担保工作，经国务院授权，海关总署批准，由中国贸促会独家承担。

ATA单证册适用的货物范围包罗万象，按用途区分主要有以下几种：1.专业设备；2.商业样品、集装箱、包装物料；3.供展览会、交易会或类似场合使用或展出的货物；4.与制造活动相关的进口货物；5.教育、科学或文化用品；6.旅游者个人物品和体育用品；7.旅游广告材料；8.边境贸易进口货物；9.为慈善目的进口的货物；10.运输工具；11.动物从种类区分。通常使用ATA单证册较多的货物包括珠宝、服装、工业机械或设备、通信设备、各类测量设备、计算机、摄影和音响设备、舞台道具、医疗诊断设备、体育器材、动物、集装箱、包装物料等。

从上面ATA的适用范围可以看到，这个东西并不是针对私家车出入境而制定的。ATA设立的目的是为货物的临时出口所需。譬如，如果你到国外去办展会，那么就必然会带大量的展品前往。展会完毕之后，这些展品又将被带回国内。由于这些展品进入他国的目的是展览，并非出口售卖，所以他国就不应该对其收取关税。而ATA单证册的作用，就是担保这些展品不会在他国销售。

由此我们看到，ATA 单证册对于促进国际贸易发挥着非常积极的作用。那么 ATA 又是如何与自驾车关联在一起的呢？

话说十多年前，随着老百姓生活水平的提高，购买力的增强，国内便开始有人希望驾车出境，从北方口岸开车到国外（主要是俄罗斯）去旅游。但在当时，出国自驾游这个事儿对海关来说，却是庄稼佬进皇城——头一遭。从来都是外国人来中国玩，咱们中国人竟然也可以出去玩？关键是你跑出去玩了，这个责任谁来负？在那个年代的中国，经济还没腾飞，绝大部分国人成天为每日三餐而忙碌奔波，一般人能有一辆摩托车就了不得了，还要开私家车出国？没有先例，无法因循。

于是，海关拒绝放行。

试图驾私家车出国的朋友便开始想办法。正在这位朋友绞尽脑汁而一筹莫展之时，一个偶然的机会，他忽然看到了有关 ATA 单证册的文件。在那一瞬间，雷鸣电闪，小宇宙爆发，他一下就在深深的黑暗中看到了光明——咱们干吗不用 ATA 单证册担保私家车的出国自驾呢？这样，有关部门就完全没有责任了。

问题是私家车在国与国之间流动，在国际上是一件再正常不过的事情。我曾经驾车穿越 50 多个国家的边境，基本上在正常情况下从来就没有哪个国家要求出示什么 ATA 单证册。即使是在不发达国家，私家车出入国境也属寻常。但汽车这个东西，在中国被赋予了远超过汽车本身的含义。譬如曾经的国人就普遍喜欢三厢轿车，据说是因为三厢车的造型让大伙儿感觉那像是轿子，而在咱们的传统文化认知观念之中，轿子是老爷才能坐的。在这样的集体无意识驱动之

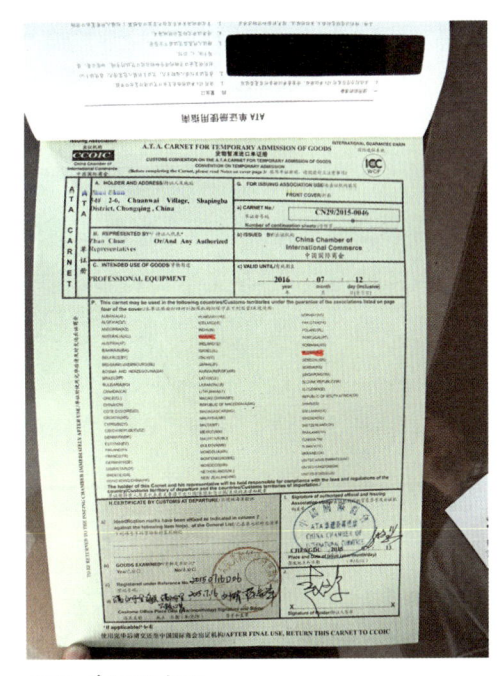

ATA 单证册内页

下，在相当长的时间里，中国私家车市场上三厢车一枝独大。然而，对绝大多数人来说，汽车不就是一个交通工具吗？现在咱们说中国在崛起，实际上崛起并不仅仅是靠一些指标来支撑的。具体到私家车来说，只要有一天咱们还深情款款地把一个普通的交通工具叫作"爱车"，那咱们就还没真正进入发达社会。您想啊，车叫爱车，那咱们家电饭锅咋不叫"爱锅"、电视机咋不叫"爱机"呢？还不就是因为车占有了较大份额的个人资源。

总之，ATA单证册被这样极为牵强地与私家车出入境这个事儿联系在了一起。经过一轮又一轮的周章，终于ATA单证册就成了私家车从中国北方某些口岸出境自驾的必备手续。但是，这里面至少有几点是值得质疑的：

第一，国外私家车出入国境并不需要ATA。外国人开着外国车进入中国国境之内，我们也不会要求他们出示什么ATA单证册。而在中国，办理ATA时要交押金，出境时须边境海关盖章放行。然而，真到了国外（除了与我们接壤的蒙古国因情况特殊而例外），却没有任何其他国家需要查验私家车的ATA单证册！所以ATA并非私家车跨越国境所必须采用的国际惯例。

第二，国内私家车出境，只有北方几个口岸需要ATA单证册，南方的譬如通向东南亚的云南磨憨口岸则不需要，我曾两次从磨憨口岸出境，南下老挝、泰国、马来西亚，最远驾车走到新加坡，就没用到ATA。所以ATA也不是国内惯例。

第三，私家车的ATA单证册办理，要交押金（车价的50%~70%），这意味着有关部门常年就掌控车主的若干亿现金（车因为某种原因回不来，押金还会被扣掉）。虽然车主平安驾车归来后，押金最终是会还给车主的，但是谁都知道，当一个部门有权力收取和占用他人大笔现金的时候，这里面就会有利益。

具体来说，ATA办理手续是这样的：向中国贸易促进委员会（简称贸促会）或下属各省级分支机构缴纳购车发票价格的50%~70%的押金，得到一份注明了你汽车信息的ATA单证册，然后凭着这本ATA单证册从北方某些口岸驾车出境。押金据说是为了防止你把车子开出国去卖了。如是，则属于走私。如果在没有正当理由的情况下，你不能将你的车子再开回国，押金将不会退还给你。但是，众所周知的一个事实就是，中国的小车（轿车、SUV、越野等）价格，比周边所有国家都贵。走私汽车到国外？谁愿意做赔本买卖啊？

ATA 单证册的押金是以购车价格为基准来收取的，这下各位读者朋友一定就会理解，为何在出境自驾游购买新车时必须考虑到价格这个因素。驾车出国，万里征程，在旅途结束之前，谁敢保证就一定能安全地将汽车驶回中国？一旦发生什么问题，汽车不能回国，要是在国外的手续又不齐的话，押金将不会退还给你。那就意味着你损失的不仅是一辆车，还有相当于车价 50%~70% 的现金。

就在 2015 年上半年，正当我与 ×× 省贸促会联系办理 ATA 单证册的过程中，他们忽然又改变政策——不管车价是多少，最低都要收取 10 万元人民币的押金，而以前的方案则是按车价的 50%~70% 收取。这就是说，哪怕车本身只值 3 万元、5 万元，你也必须要为它缴纳 10 万元押金！据说，这个针对私家车北方口岸出境的 10 万元起收的新 ATA 单证册政策，已经在全国各地执行。

这就意味着，我为了这次亚欧大陆西行之旅不负担太多的 ATA 单证册押金而特意选择那辆 15 万元左右的车，由于押金金额的提高，便不得不无端多支出若干万元。于是，才有了开场时我与 ×× 省贸促会相关领导交流的一幕。

最后经过据理力争，我的 ATA 押金采用了一个妥协的方式去解决。但这并不是本章的重点，我们关注的是这个将 ATA 单证册与私家车出境不合理地联系在一起的政策何时才休止？

第3章

哈国驻华使馆，签证官一阵狂笑

对于希望驾车出境的中国游客来说，办妥 ATA 单证册，就算是在国内给汽车办妥了出国的手续，虽然这个手续在国外并不需要你呈交检验。

接下来，就是给人办手续了，也就是签证办理。

看了前面介绍的此番西行穿越亚欧大陆的行程，有朋友就问了：您为何不直接从新疆出境，经哈萨克斯坦、乌兹别克斯坦、土库曼斯坦三国到伊朗，然后再从伊朗北上外高加索三国，到俄罗斯呢？

问得好！实际上，我的朋友中发出此问者，不在少数。

最初，我的计划是这样的：新疆霍尔果斯口岸出境—哈萨克斯坦—乌兹别克斯坦—土库曼斯坦—伊朗—亚美尼亚—格鲁吉亚—俄罗斯—蒙古—二连浩特回国。这个行程最明显的好处就是，它穿过中亚三个国家进入伊朗，返程再走西伯利亚。从规划来说，这是一条最经济、最合理的线路。

在网络、在酒吧、在茶楼、在会所、在饭局上冲着这个世界高谈阔论，是轻松而又惬意的。它业已成为一种重要的消遣模式，且为人们提供持续的快感，虽然这种快感是虚幻的。但是，无论世界如何变幻，问题的核心总是这个样子的——如果有了一个想法，我们是否愿意为它的实现而真正去努力、去付出，然后去享受梦想实现之后那种美妙的感觉？

也许在某些状况之下，我们有可能是我们之所想；但更多的情形下，我们是我们之所为。有了念头，有了设想，那就开始行动吧，只有行动才能为我们的存在提供坚实可靠的基础。此番西行，途经的国家不少，为了不至于在中途耽误行程，我决定所有签证都提前在国内弄好。要做签证，无外乎两种方式。要么亲自去跑，要么就委托签证代办机构去做。惭愧的是，我是一个超级懒人，所以连思想斗争都没有做，立马就决定交给签证公司代办。

中亚地区由苏联独立出来的五个国家（哈萨克斯坦、乌兹别克斯坦、吉尔吉斯斯坦、塔吉克斯坦、土库曼斯坦）组成，这些国家所在的那块区域，在中国史书里被叫作西域。

西汉时期的大将陈汤就是在彻底剪灭了大致位于今哈萨克斯坦共和国东部的郅支单于之后，才说出了那句名垂青史的话语："明犯强汉者，虽远必诛！"意思就是，只要你敢惹我大汉，甭管你躲到多远的地方去，老子都要把孙子你给逮回来杀掉！而唐朝大将高仙芝率唐军西进至怛罗斯（大致位于今哈萨克斯坦与塔吉克斯坦交界处的塔拉兹），与当时的阿拉伯帝国（黑衣大食）大军相遇。高仙芝战败，唐军退回。怛罗斯从此便成为迄今为止所有中原汉人王朝向西扩张的最远点。

中亚地区，土地贫瘠，只是在最近百余年间因发现石油和天然气才有了重要的经济价值。这是一块以荒漠为主、兼搭少许绿洲的地盘，外加偏安于斯的几个国家。历史上中亚基本上就是谁强大就跟谁过。他们曾经依附过匈奴、突厥、蒙古，也依附过如汉、唐、清等强盛的中原王朝。在阿拉伯帝国鼎盛时期，中亚地区被迫皈依了伊斯兰教。而在20世纪，在苏联时代，这块地方划入了苏联版图。20世纪90年代，随着苏联解体，中亚五国重新获得独立。历史上，佛教、伊斯兰教、俄国带来的基督教等各种势力在此交会、冲撞、整合，使得中亚地区的文化呈现出极其丰富的样态，具有相当大的文化价值和旅游价值。

既然中亚那么值得去，就开始办签证吧。

一番搜寻，找到了一家北京的签证代办公司，以下姑且就用T来简称它。从它的广告和办理记录来看，似乎对中亚各个斯坦国家的签证办理还颇有几分心得。与直接经办人小C联系之后，感觉还算靠谱儿，便交钱委托他们办理我赴亚欧大陆之行的全部签证。按照最初的计划，一共包括哈萨克斯坦、乌兹别克斯坦、土库曼斯坦、伊朗、亚美尼亚、格鲁吉亚、俄罗斯、蒙古八国。

《冒险有瘾：东边蒙古，西边伊朗》路线示意图

- 北冰洋
- 巴伦支海
- 喀拉海

摩尔曼斯克：受北大西洋暖流影响，北冰洋岸边的摩尔曼斯克是俄罗斯北方唯一的终年不冻港。该城是世界上最大的军港之一，也是俄罗斯北方舰队和战略核潜艇部队驻地。位于北极圈内的摩尔曼斯克拥有"四极"：极夜、极光、极地空气和极美味的鱼子酱。

乌法到伏尔加格勒一带的广袤大地上，是一望无垠的葵花地。

叶卡捷琳堡位于欧亚分界线上，地处乌拉尔山脉东麓，是俄罗斯重要的交通枢纽、工业基地和科教中心，也是俄罗斯中央军区司令部所在地。

顿河畔的罗斯托夫位于黑海岸边，气候宜人，是哥萨克人的故乡。《静静的顿河》便取材于此。

伏尔加格勒在1925—1961年名为"斯大林格勒"。物产丰富，被称为俄罗斯的"南部粮仓"。发生在1942—1943年的斯大林格勒战役是第二次世界大战的转折点。

格鲁吉亚的哥里是斯大林的故乡，为此，赵淳特地从第比利斯去了哥里。返回第比利斯之后，前往俄罗斯的车臣共和国首府格罗兹尼。

拥有数千年历史的文明古国波斯是一个多灾多难的美丽国度。由于受到西方国家的制裁与封锁，当代伊朗几乎与世隔绝。赵淳是如何驾驶着一辆中国牌照的汽车穿越亚欧大陆之茫茫大原，突破重重关卡，进入到这个魅力无穷的神秘国家的呢？请参阅本书的下部：《西边伊朗》。

城市：彼得罗扎沃茨克、圣彼得堡、雅罗斯拉夫尔、莫斯科、弗拉基米尔、喀山、乌法、叶卡捷琳堡、萨马拉、车里雅宾斯克、沃罗涅日、伏尔加格勒、罗斯托夫、格罗兹尼、哥里、第比利斯、塞凡、埃里温、马哈奇卡拉、巴库、卡凡、兰卡兰、大不里士、德黑兰、库姆、卡尚、奥比杨奈村、伊斯法罕、亚兹德、设拉子

海域：黑海、里海、地中海、红海、波斯湾、阿拉伯海

图例：
— 出发路线
— 返程路线

伊尔库茨克是俄罗斯西伯利亚最大的工业城市

贝加尔湖是世界最深的淡水湖，曾是中国古代北方游牧民族的主要活动地区，也是汉代苏武牧羊之地。湖畔阳光充沛，风景俊美，有300多处温泉，是俄罗斯东部地区最大的疗养胜地。

克拉斯诺亚尔斯克
新西伯利亚
伊尔库茨克
乌兰乌德
赤塔
后贝加尔斯克
满洲里
★ 乌兰巴托
赛音山达
扎门乌德
二连浩特
锡林浩特
阿尔山
★ 北京
重庆

拉普捷夫海
贝加尔湖
喀什湖
孟加拉湾
黄海
东海
南海

按计划，7月5日自二连浩特出国门，进入蒙古国，经过乌兰巴托，进入俄罗斯，结果半路被荷枪实弹的蒙古军警截了回来。枪顶脑袋的滋味可不好受啊！赵淳不得不改道满洲里。他在蒙古国有着什么样险象环生的经历？请参阅本书的上部：《东边蒙古》。

二连浩特—锡林浩特—阿尔山—满洲里，行程1750公里

2015年初夏，赵淳驾驶一辆中国牌照的汽车从重庆出发，开始用车轮丈量亚欧大陆六国。

中亚那些从苏联独立出来的国家，从骨子里就不太欢迎外国游客。那里贫瘠的土地，非常缺水，且没什么有竞争力的工业，人口又在不停的增长中，等到有一天它们把石油和天然气卖完，剩下的就可能是两条路：要么穷途末路、苟延残喘，要么拼命往周边富裕一些的国家蜂拥而去，争取通过移民他国挤占他国人民原本就不算富裕的生存资源。这里的统治者对这一点当然是心知肚明。在这种情况下，最简单、最容易的对策就是，在老百姓明白这一点之前，闭关锁国，然后自己捞够了先行移民而去，不管剩下的人是洪水滔天还是烈焰焚身——四川话是咋说的？管我锤子事！

因此，这些斯坦国家的签证政策中就有一条十分古怪的规定：如果要去旅游，那么必须要有该国指定的机构和个人发放给你的邀请函，否则不予签证。可是，对于其他国家、其他民族的旅游者来说，怎么可能会在你那封闭落后的边陲之地有熟人、亲戚呢？

中亚那些国家有千般不好、万般不是，至少有一点优势：那就是在法律与规章之外，总能找到例外。而我委托的 T 签证公司就有办法从这些国家搞到这个邀请函，当然，必须付钱。

中亚这些国家的旅游签证费用，平均每国大致要 3000 元人民币以上，其中最高的收费，如土库曼斯坦，连带邀请函费用，一共要七八千元之多。而商务签证的费用更高。此外，办理哈萨克斯坦的签证，除了必须缴纳签证费和邀请函所需费用之外，签证者还必须亲自前往它的驻华大使馆面签——这就意味着，如果不是居住在北京，那么还得花费往返飞机票、在北京停留的酒店费用、交通费用、其他费用等等。

这么贵，还有没有一点儿业界良心？

你想抱怨？那就对了，斯坦们说，那你就知难而退，好好待在家里，不要来这里影响我们的人民！

T 签证公司的经办人小 C 告诉我，最近哈萨克斯坦对旅游签证的签发非常严格，现在在北京的哈萨克斯坦大使馆已经很少给办旅游签证了。

这听起来很不乐观，不过也没办法回避。我是从国内开车出行，横穿亚欧大陆，必须一个国家、一个国家地走过去。各位一看地图就知道，去往中

哈萨克斯坦驻华使馆大门

亚几个斯坦国家的陆路口岸，是新疆的霍尔果斯。如果拿不到哈萨克斯坦的签证，中亚这条自驾之路，就算是被堵死了。我总不能把小车当飞机，直接飞过去吧。

2015年4月底，小C发来通知，说T签证公司代为办理的哈萨克斯坦某旅游机构发放的邀请函已经为我们准备好了。于是，2015年五一刚过，我就飞到北京，准备哈萨克斯坦大使馆的面签。

那天到了北京，好友在昆仑饭店为我接风，晚餐后去出版社为新书签名。第二天一早5点刚过，从位于三里屯使馆区的酒店步行到哈萨克斯坦大使馆门口排队。到那儿一看，吓了一跳。

那么早，我还不能排进前十名——居然还有不少人去得更早！

说起来，中亚地区拥有最多旅游资源的是乌兹别克斯坦，我们现在从历史书上看到的许多荡气回肠的故事就发生在那里。甚至唐僧西行取经，也是

哈萨克斯坦驻华使馆门前排队的人群

经由现在乌兹别克斯坦的地界绕行南下，去往印度的。相比之下，哈萨克斯坦就并非一个有意思的旅游目的地。我要去那里是因为这个国家横亘在我的亚欧大陆之行中亚线路的必经之道上，可是，怎么还会有如此多的人想去那里呢？那天早上，在哈萨克斯坦驻华大使馆门前，目测了一下，排队的那些兄弟，形象气质很接近于北方农村乡下的爷们儿，高大结实，目光带怯。难道哈萨克斯坦这个有点儿石油、天然气的荒漠国家，对咱们农民兄弟有着特殊的吸引力？

狐疑之下，就与排队的爷们儿聊了起来。原来，他们都不是旅游者，而是国内几家不同的石油、天然气、基建公司的工人。这些中国公司接下了哈萨克斯坦的业务，无奈哈萨克斯坦当地人干活儿不行，公司便只好从国内带工人过去。这些爷们儿是来大使馆做哈萨克斯坦的工作签证的。而他们工作签证的费用大致在一万元人民币以上。即使如此，被拒签的可能性也在 20% 左右。

在哈萨克斯坦大使馆门口贴有一纸通知，其中有一条说"禁止通宵排队"。这意味着哈萨克斯坦签证很走俏，想去工作的人多。没办法，国内僧多粥少，工作资源有限，不得不在此通宵排队，等候签证，然后好去国外打工。

在排队的人群中，还有一些是签证代办公司的工作人员，他们凌晨时分就已来帮客户排队。但我委托的那家T公司，却并不提供这种服务。不提供排队服务也罢，只要能让咱的签证顺利通过，我也认了。对我来说，在这世界上晃悠已久，包括最发达和最不发达的70多个国家都去了，签任何国家的证应该都不是一个问题。按常理来说，对于那些具有良好出入境记录的人，无论哪个国家都会欢迎他去玩、去消费，不是吗？所以，当T公司的小C和她的同事在8点钟左右来到大使馆门口与我会合，并再次告诉我旅游签证有可能过不了时，我并未把这个提醒太当回事儿。

"那你们总得想点儿办法呀，既然有不过的危险？"我说。

小C和她的同事塞了一张纸给我，上面写着一些关于哈萨克斯坦的简单的问题和答案，譬如，哈国总统叫什么名字？首都是哪个城市？小C说："这些问题是签证官有可能问到的，您得把答案背熟了。"

那么，这就是T公司的应对方案了——扭头一看，旁边那些排队者也在背诵和我一样的问题，看来这应该是所有签证公司的共同对策。可是，去你们国家旅游或者工作，还必须要记下你们总统的名字，这到底是什么意思？你要真有影响力，不用强迫大家也都能记住名字。再扭头观察了一下身边那些排队等候签证的兄弟，发现大伙儿都一边努力记忆答案，一边用咱们中国民间特有的方式问候着哈国总统以及他家所有亲戚。

瞧瞧，您要不逼着爷们儿记您的名字，大伙儿还真不知道您从你们国家独立以来，已经连选连任当了二十几年总统，而且还要继续当下去……

排队到中午将近12点的时候，轮到我进去面签了。

窗口里的签证官一看我递进窗口的T公司花钱从哈国某旅游机构弄来的的邀请函、T公司帮忙预订的酒店住宿资料以及我的旅游签证申请表，就用中文说道："你资料不全，还差行程单，要重新去做，下次再来吧！"

说着他就想把我的资料退回来。这哪儿行？我早上5点多就来这里排队，所有需要的材料，我和我委托的T公司都准备齐全了，您这儿还没看仔细呢，就想往外推我？于是，我赶紧跟他解释说，我不是去工作的，我到你们国家是去旅游，去欣赏和考察你们伟大的文化的……

我的策略就是缠住他，咱有理说理。据说，有时候他们拒绝发放旅游签证的一个理由就是，有中国人拿着费用相对于商务签证便宜得多的旅游签证到哈萨克斯坦去打工。所以，我竭力向他证明，无论是我赖以谋生的专业行当，还是我用于娱乐的业余爱好，没有一样是和石油公司的钻井业务、石油天然气管道铺设工作有交集，所以，我不可能要去哈国干那些与钻井、铺管道相关的任何工种——一句话，咱不是去打工的，我是去旅游的！

后来据签证代办公司的小C描述说，从我进去面签一两分钟之后，她在外面基本上就听到我一个人在里面大声说话。而其他申请工作签证的爷们儿进去，则明显地是别人问一下，他答一下——好吧好吧，你批评我吧，我是中国人，我激动起来喜欢大声说话。反正我给出了签证官无法拒绝的理由，细节不表。最后，签证官终于改变主意，说道："这样吧，你确实差一个行程资料，你去找给你发邀请函的哈萨克斯坦的机构给你出一份正式的行程安排，我就给你签证。"

我大喜，赶紧追问："你可是说话算话？"

他严肃地颔首道："你放心，一定！而且你拿到行程安排单再来的时候，不用排队，直接进来就可以了！"

然后我笑眯眯地就出来了。碰见小C后，把情况跟她和她的同事一说，她们也欢天喜地。那现在咋办？此刻是北京时间12点左右，哈国时间晚三小时，正好他们上午9点上班。如果T公司赶紧找他们在哈萨克斯坦的那个业务关系，弄一个行程单，盖上公章，传真过来。一切顺利的话，大概一小时之内传真件就能够到T公司，那么我争取下午1点半之前拿着行程安排单再次进去签证，这事儿不就搞定了？

所谓行程安排单，就是写着我在哈萨克斯坦的那几天都要去游览什么地方、住哪儿的计划单，多轻松的事儿，写好了，盖章、传真，T公司再派人送到大使馆门口，我拿着进去。就这么简单。果然，一小时后，小C和她的同事拿着哈国某旅游机构出具的行程安排单就来了。我看都没看就拿着这个单子，加上先前准备的所有资料，果然就不需要再排队，直接进去，再次坐到签证官的面前。

我把根据签证官的要求、T公司从哈国旅游机构弄来的盖有公章的行程安排单递进去。他拿到手上一看，当场就愣了。旋即，他爆发出一阵惊天动地的狂笑，起身将我那张行程安排单挨个儿传给里面室内的四五个哈国工作人员看。然后，整个哈国驻华大使馆签证处办公室就响起了一阵欢快的笑声。

我捏着自己光溜溜的下巴，一边想象自己长着一溜子山羊胡，一边就在纳闷，他们这到底是笑的哪门子呢？

好不容易等他们开心完了，笑得气喘吁吁的签证官回到窗口，举着那张行程安排单对我大声叫道："这是伪造的！你被拒签了！"

说完，他就把我所有资料扔了出来。

他说什么？刚才T签证公司紧急从哈国旅游机构办理的行程安排单是伪造的？我这才静下心来仔细一看，敢情，那张行程单上打印的字迹非常清楚，但公章却模糊不清，确实是伪造的，而且属于非常拙劣的伪造——作假作成这个水平，真丢脸啊！

这个时候，我没有勇气、也没有心情再和签证官解释什么了。第一次进去，之所以能够信心满满地高谈阔论，力图说服他给我发放哈国旅游签证，一方面是我有正当理由，另一方面，也是在心理上我和签证官是平等的。而现在被人逮住了撒谎作弊，我立马就失去了道德支点，也就立马失去了心理支点——被人逮住出老千，然后还敢于挥斥方遒，我的心理素质还没修炼到那个地步……

没办法，只好悻悻然拿着全部签证资料出来了。

在和T公司的小C以及她的同事就这件事交流之前，我认认真真地看了一下我的护照——还好还好，虽然被拒签了，但哈萨克斯坦大使馆并没有给我盖一个拒签章。这至少可以让我从未被拒签过的优秀的签证纪录在表面上得以维持。

看看吧，就是这个公章，一眼都能认出它是假的。可是，刚才小C和她的小伙伴递给我的时候，我压根儿就没想到，这种事情上，那么大、看起来还那么正规的签证代理公司居然敢于给我出具一个假文件！所以，先前我压根儿就没认真去审视这个公章，兴冲冲地拿着它直奔签证官而去。

T签证公司制作的假行程单

太相信人了,结果,悲剧了。

被哈萨克斯坦拒签,意味着我最先设想的穿过中亚斯坦国家到伊朗,然后北上亚美尼亚、格鲁吉亚到俄罗斯的方案行不通了。

这个时候,抱怨是没用的,管理好情绪,有策略地进行投诉,才是解决问题的最好途径。我被拒签的责任显然应该由伪造文件的T公司来承担。在确凿的证据面前,他们也认账。对我来说,除了哈国签证费用之外,还有购买邀请函的费用和往返北京的机票和食宿,以及由此产生的几天时间上的耽误等等,损失不小。

经过磋商,最后的解决方案是,为了部分补偿于我,T公司免费给我办理以下四国的签证:蒙古国、伊朗、亚美尼亚、格鲁吉亚。

这家公司的名字,我就不在这里公布了。这么替他们藏着掖着,其中很大一部分原因是经办人小C看起来人不错。我不知道小C会不会读到这本书,如果能,那么请转告T公司,实实诚诚的生意才能做得长久。

2015年5月,我的哈萨克斯坦签证被拒之后,决定改走蒙古。

我的蒙古国签证,小C他们办得很顺利。2015年6月中旬,由于哈国签证被拒而修改的西行亚欧大陆的全部六个国家(蒙古、俄罗斯、阿塞拜疆、伊朗、亚美尼亚、格鲁吉亚)的签证都办理完毕。同时,汽车出国所需的ATA单证册,在交了押金之后,也已办妥。

下面,就要正式开始我的亚欧大陆冒险之旅了!

第 4 章

二连浩特国门前，敢不敢赌一把？

天苍苍，野茫茫，风吹草低见牛羊。

提到蒙古国，我们会想起什么？

一望无际的草原？

浩瀚无垠的戈壁？

或者是极北寒冷之国？

对绝大多数中国人而言，北方的内陆国家——蒙古国是一个既近在咫尺又远在天边的神秘国度。我们对蒙古国的绝大部分想象，滥觞于我们在美丽的内蒙古呼伦贝尔草原上所获取的体验和感悟。无际的草原如同一幅巨画展开在天地之间，绿得那么纯粹，绿得那么缥缈，四野茫茫，天下苍苍，每每让人心中不由自主便产生了一种浩大而又虚空之感。星空之下，篝火侧畔，每当悠扬的马头琴声响起，蒙古族人对宇宙、自然、哲学的体味和思考便在草原上幽幽飘起，令人顿觉心中怅然莫名……

蒙古国（蒙古国语：Монголулс）位于中华人民共和国以北、俄罗斯联邦以南，是一个地处内陆的亚洲国家。首都及最大城市为乌兰巴托，其政治制度是议会制共和国。

历史上，蒙古国的领土曾长期属于中国，这块地方也曾被匈奴、鲜卑、柔然、突厥等游牧民族统治。1206 年，成吉思汗建立了蒙古帝国；1271 年，忽必烈建立元朝；17 世纪末，被纳入清朝统治疆域。1921 年，蒙古国取得事实独立。1924 年，成立受苏联控制的蒙古人民共和国。1992 年 2 月改国名为"蒙古国"至今。

东边蒙古，西边伊朗

蒙古国战争纪念碑

至 2016 年，蒙古国国土面积为 156.65 万平方千米，多沙漠戈壁，自然环境恶劣。蒙古国是世界上国土面积第 17 大的国家；人口非常少，约 300 万。

蒙古国西部、北部和中部多为山地，东部为丘陵平原，南部是戈壁沙漠。山地间多河流、湖泊，主要河流为色楞格河及其支流鄂尔浑河。

1921 年从中国分裂出去至今，蒙古国的经济，传统的是靠畜牧业支撑，现代一些的则是矿产业。蒙古国已发现和确定拥有 80 多种矿产，建有 800 多个矿区和 8000 多个采矿点，主要蕴藏着铁、铜、钼、煤、锌、金、铅、钨、石油、油页岩等资源。其中，铜矿储量 20 多亿吨，黄金储量达 3400 吨，煤矿储量达 3000 亿吨，石油储量达 80 亿桶，铁矿储量为 20 亿吨，萤石矿床储量 2800 万吨，磷矿储量 2 亿吨，钼矿储量 24 万吨，锌矿储量 6 万吨，银矿储量 7000 吨等。

蒙古国姑娘

这些数字说明，蒙古国整个国家基本上就靠卖资源（中国为最大买家）挣钱，几乎所有的工业产品都靠进口。进入 2016 年以来，由于中国经济放缓，不再需要进口那么多的矿产资源，致使蒙古国向中国的大宗资源出口大幅下跌。根据蒙古国官方消息，2016 年下半年，蒙古国经济濒临崩溃，连公务人员的工资都有发放不出的危险了。

2015 年 7 月 4 日，我在大同做完出境前的最后一次汽车保养之后，驱车穿越内蒙古，直奔内蒙古正北方的二连浩特市——那里是中国通向蒙古国的陆路口岸。

此番与我同行的还有一位朋友，由于他不懂外语，所以基本上他就不负责对外联络，其主要任务就是摄影娱乐、轮换驾车、泡吧饮酒、购物淘货。

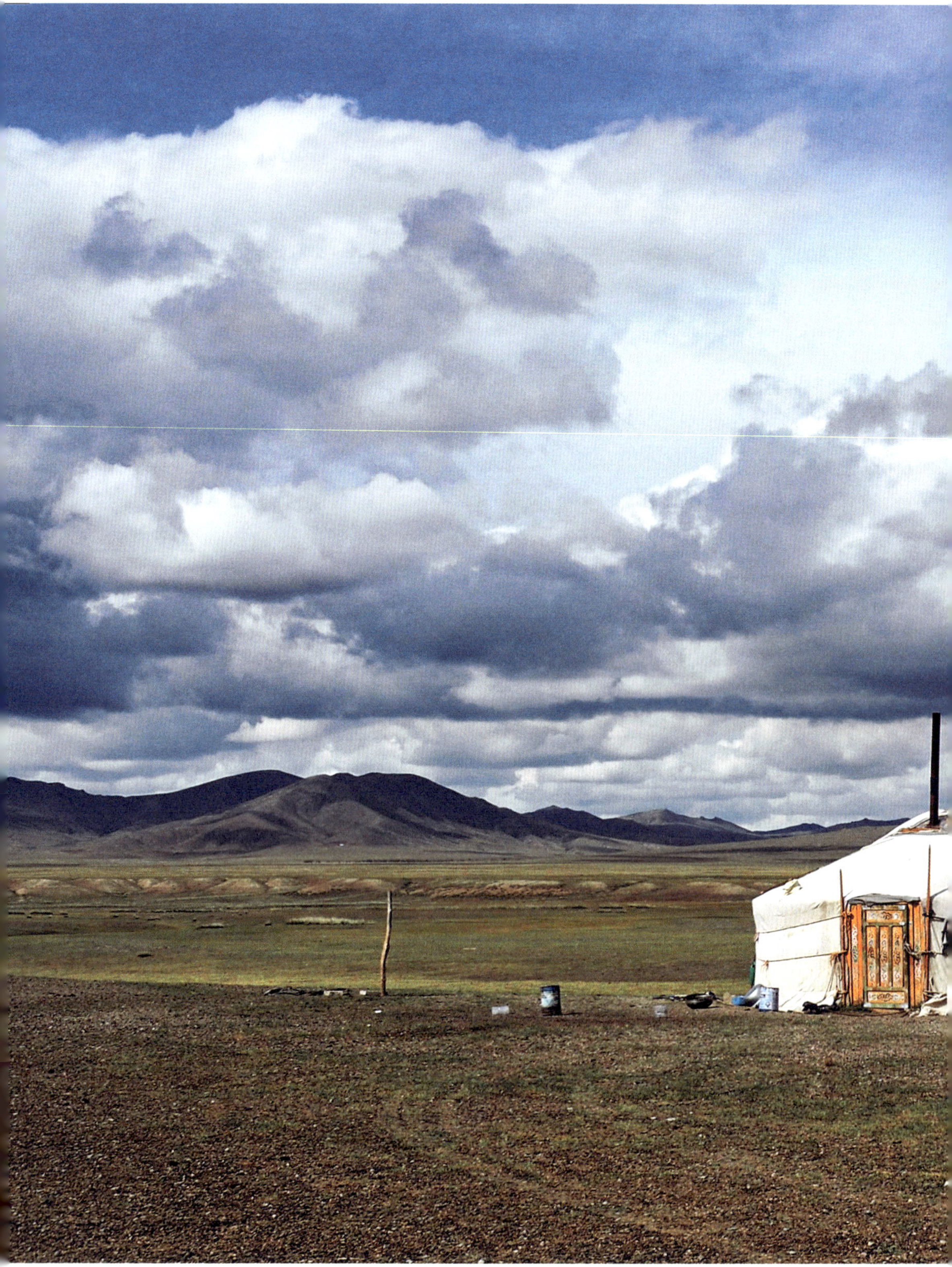

蒙古国草原

那是一位有共同爱好、相处非常愉快的朋友。对一次成功的旅行来说，同行的朋友非常关键。在我的世界里，人品是一个异常重要的指标。那种满口谎言、格调低下、毫无底线、具有与我们完全不同价值观的人，我从来都是避而远之。

夏天的内蒙古草原，风光旖旎。在去往二连浩特的路上，看到了指向朱日和的路标，内心小小地激动了一下。

车上前挡玻璃上，挂着 GPS 和行车记录仪。一路顺利，下午就看到了横跨在公路上方的一道龙门，那就是二连浩特这座城市的标志了。

当晚住在二连浩特。晚上在酒店，把第二天通关出境所需的材料又检查了一遍。然后打开笔记本，又看了一下前两个月发表在某车网上的一个房车游记。这个房车车队是 2015 年 5 月出发的，经蒙古国前往俄罗斯。他们这个线路基本上可以说是最合理的。如果从满洲里直接出境去俄罗斯，由于现在俄罗斯并不欢迎中国房车，对房车入境限制很多，他们难免会遇到麻烦。据说，俄罗斯对中国房车的厌恶缘起于此前中国房车跑到贝加尔湖畔乱停车、乱扔垃圾、乱生火，于是引起了当地人的不满和愤慨。

7 月 5 日一早，在二连浩特的义乌市场换钱。

蒙古国的流通货币是图格里克（Mongolian Tugrik，MNT），简称蒙图。那一天，义乌市场上的兑换汇率是 1 元人民币 =320 蒙图。蒙图这种货币，在中

蒙古国货币　　　　　　　二连浩特义乌市场广场上的蒙古国嘎斯车

二连浩特龙门

国的银行里是不直接对散客交易的，所以就只能在自由市场上兑换。

在二连浩特义乌市场门口的广场上，停着许多老式吉普，引起了我的注意。

这些车基本上都是苏联生产的老车，有 GAZ，也有 UAZ，还有一些别的苏联品牌和型号。不过其中最引人注目的、最令人感叹的是 GAZ69（中文名称：嘎斯 69）军用吉普。此车是苏联嘎斯汽车厂于 1947 年开发，1953 年 9 月制成样车；1954 年嘎斯 69 移至乌里扬诺夫斯克汽车厂（UAZ）制造，一直生产到 1972 年 12 月，总产量为 60 多万辆。冷战期间，嘎斯 69 普遍装备了前社会主义国家的军队。我国在 20 世纪五六十年代普遍进口嘎斯 69 型越野车，配备为军队和县级领导工作用车。20 世纪 60 年代初期，为装备中国军队，北京汽车厂用伏尔加轿车嫁接嘎斯 69，开发出"北京 212"。

这些业已被淘汰的老爷车，挂着蒙古国的车牌。每天早上，蒙古国倒爷开着嘎斯 69 进入中国二连浩特，购买日常商品，然后拉回蒙古国倒卖。

钱换好之后，驱车来到二连浩特口岸，准备出关去往蒙古国。

要驾车出境，第一个手续就是要到二连浩特海关给我的 ATA 单证册盖上章，并且要撕下其中相关的一页留在当地海关。我车子的信息要输入海关的电脑系统，回国之后，再进入海关网络系统，盖章核销这一次境外行程。然后才可以去找中国贸促会退还给我事先交在那里的押金。

二连浩特海关的小 W 是个非常热心的小伙子，态度和蔼，有问必答，很快就办理好了 ATA 单证册相关的手续。

据小 W 介绍，好像最近蒙古国不欢迎中国车进去了，因为他们不喜欢中国人。从二连浩特口岸出入境的车辆，在海关都会留下信息。根据小 W 他们的统计，那段时间，从二连浩特口岸北上蒙古国，然后从蒙俄边境进入俄罗斯的中国私家车每十拨儿车队中大概有七拨儿折回，只有三拨儿顺利过境蒙古国。

这个消息让我心中"咯噔"了一下。从中国驾车北上俄罗斯有两条路：一条是从内蒙古的满洲里出境，直接进入俄罗斯；另一条就是从二连浩特出去，过境蒙古国，进入俄罗斯。如果以我从重庆为出发点来算，第二条路比前一条要近大概 3000 千米路程，折换成时间大致就在五天左右。在那一刻，我面临的考验就是是否敢于去押那 30% 的胜率。成功了，可节约五天时间；失败了，则要额外地搭进去五天，这意味着一进一出就是十天的差别。掂量了一下，虽然成功率较低，还是决定试一下，应该冒险赌一把。都到这里了，要什么都不做转身就走，实在心有不甘。就算最终不能进入，至少也能获得一个被拒绝的经历不是？可是，万一成功了呢？马云说的。

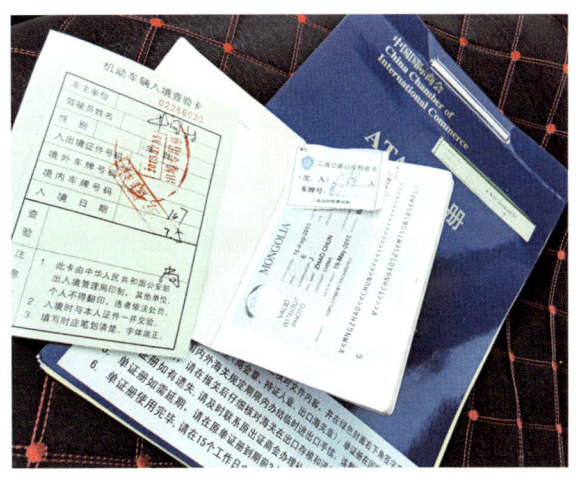

中国边检出境手续

谢过小 W，从海关出来，直奔中国边检而去。至于最近为什么蒙古国不愿意让中国车辆进入了？本想再问问小 W 的，无奈他那儿业务繁忙，需要办理海关手续的中国人和蒙古人不少，都等着小 W 和他的伙伴们去处理。正值彼时，在海关办公室里，就坐着两个哭丧着脸的蒙古人，据说他们随身携带了 20 多万元人民币的现金来中国，按规定当纳税。

虽然没打听到最近的情况，但我知道，蒙古国近年冒起多个激进组织，反华情绪高涨。他们标榜极端民族主义，崇拜希特勒，排斥外国人。跟外国人有过性关系的蒙古国女子，一旦被发现，都会遭到被新纳粹组织成员剃光头的惩罚。

蒙古国的激进组织的主要工作就是聚在一起喝酒，畅想往日荣光，喝得差不多了，就上大街去巡逻，只要在大街上看到外国男人与蒙古女人在一起，就大打出手。这种方式，让他们感觉在这个已经现代化得让他们无所适从的世界里仍然具有一定的存在价值。说起来，他们其实并不真的了解和明白德国纳粹的信念和行为，蒙古国纳粹既没有那个文化、也没有那个恒心去认真学习他们宣称自己十分崇拜的偶像——德国纳粹。他们只是坚信，他们的力量和信心来自于对手无寸铁的外国男性游客的殴打和欺辱。在这个过程中，在酒精的放大下，他们感觉他们那些曾经驰骋亚欧大陆屠戮抢掠的祖宗

与蒙古国的老嘎斯一起通过中国边检关卡

的灵魂附体。可是他们不知道，或者假装不知道，真正的、正宗的蒙古族人实际上在中国内蒙古，留在外蒙古的很多就是当年的喀尔喀奴隶而已。

之所以说他们假装不知道，是想说他们实际上对此还是有所意识的。这样的意识一旦外化出来，就产生了这样一个奇怪的现象：蒙古国的某些人最恨的还不是中国汉族人，而是咱们内蒙古的蒙古族同胞。

据报道，2015年3月，中国内蒙古自治区多名蒙古族游客在蒙古国肯特省不儿罕山游览时，受到蒙古国极端组织（亦即所谓新纳粹）人员的人身攻击和侮辱。事发当时，几名来自内蒙古的蒙古族游客和蒙古国朋友前往不儿罕山登山春游。登上山顶时，看到有大约30名蒙古国人坐在敖包前。然后，七八个蒙古国青年男子围住中国游客，把他推到，压住他跪在雪地上。就在中国蒙古族游客回到国内以为事态平息之后，没想到他受辱的视频和照片被蒙古国极端分子和围观群众上传到国际社交网站，引发中国国内以及蒙古国社会各界的广泛关注，险些造成两国之间不和谐的外交事件。

那么，蒙古国纳粹与德国纳粹有关系吗？没关系。就算德国纳粹再世，希特勒和他的小伙伴也断不会真的瞧得上那些在各个方面都比他们落后得多的蒙古国激进分子。所谓蒙古国的新纳粹组织，其实就是一帮子游手好闲的社会闲杂人员和失意人员聚在一起，穿着制作粗糙的纳粹党卫军的山寨版制服，喝上几口酒之后，幻想自己穿越回到了成吉思汗时代，以至于可以重新对这世界颐指气使。由此可见，酒精这个东西，确实是可以让人快乐的。

前些年当他们的资源卖得欢的时候，自觉有钱了，气粗了，就看不惯所有外国人（尤其是中国人）了；现在资源卖不动了，差钱了，蒙古国的极端民族主义思潮是否因此便会有了更为肥沃的土壤呢？我不得而知。

在中国边关这边，出境手续很快就办好了。然后，驾车穿过两国之间的中间地带，就来到了蒙古国边境铁栏杆后面一幢小小的绿色房子面前。这个时候，我注意到，蒙古国边防检查站的绿色房子上面的文字赫然便是俄文所采用的西里尔字母的组合。这还是蒙古文字吗？这与咱们中国的蒙古族同胞

前面绿房子就是蒙古国边检　　　　　　　　蒙古国的文字是西里尔字母组成的

所使用的那种弯弯扭扭的蒙古族传统文字竟然完全不一样。

这事儿说起来得有好几十年的历史了。1945年，在苏联的"帮助"下，蒙古人民共和国的蒙古族转用了以俄文字母为基础的拼音文字，俗称"新蒙文"或"西里尔字母蒙古文"。至于为何要放弃传统文字，而使用俄语字母，这就是当时苏联人的聪明了。

对一个民族来说，文字到底有什么意义？

根据历史常识可以知道，征服和统治一个地区的人口，种族屠杀是最残暴、最极端、最原始，也是最低级的方法——就算把人杀光了，你不是还得需要劳动力，还是要靠自己去生、去养吗？各种成本太高。因此，最好的、最有效的策略当然是统一文字。文字统一了，文化才能统一；文化统一了，感情才能建立起来，所以秦始皇统一中国，"书同文"功不可没。历史上，侵略中国的外族都被中国文化吞噬——这个判断大家都知道，但具体是如何吞噬的？文字！清人入关，只要他保留并在官方和民间层面上使用汉字，那就必然会被中华文化同化。否则，要是全国改用满文的话，你能想象咱们的《诗经》《论语》，翻译成满文读出来是什么样子吗？简而言之，中华文明得以延续，首先是中国文字得以延续。文字是文化的载体，没有自己的文字，文化就没有了。这也从另一个侧面说明，抗战时期，中华民族到了有史以来的第一次文化灭绝的紧急关头。因为当时的日本人拥有比当时的中国人更先进的工业文明，而日本人占领一地（如东北）之后，便会强迫当地小孩儿学习日文，如此下来，只需一两代人，中华文化便不复存在，那么中华民族就真的要亡了。

说一句题外话，经常看到有朋友对文科生十分不屑，认为文科并不直接创造价值。真是这样吗？咱们此处正在说的文字问题，以及隐含在文字后面的文化认同、民族认同、情感认同等，不都是文科的工作吗？理工科设计和制造占领和改造某地的工具，而真正消化这块地方以及附着于其上的人文，则是文科的任务。不能因为现在的文科工作者在这方面做得不好，就否认文科的意义——这就像由于暂时的医疗水平不高，索性整个就不要医院和医生了一样没有道理。反观中国，自鸦片战争以来的重大问题，从来都是文科的问题，不是理工的问题。想要坚船利炮？哪怕是在非常愚昧落后的19世纪后半叶的晚清，洋务运动也能给你捣鼓出一支北洋舰队来。但结果如何？士兵和人民不知为何而战，所以甲午惨败——这不就是文科的问题吗？不管客观条件多么艰难，器物的获取总是相对容易的，可以期待的，终究能够办到的。文化的建构和重构才是最难的——在这个意义上，我们说，在很多时候文科实在是没有发挥出应有的作用来。

第5章

蒙古国口岸，咱的组织领事馆

到了蒙古国的边防检查站，我去窗口领了几张纸，上面都是清一色的蒙古文。正发愁语言不通、无法填写之时，竟然过来一个蒙古国的边防军小战士和我打招呼。据他说，中学时曾经在中国呼和浩特市读过两年书，能说不少汉语。在这位总是笑眯眯的蒙古国小战士的帮助下，我终于顺利地填好了入境单。

不过这位小战士的中文，明显不是中国人的表达方法。譬如说，只要蒙古国边防官员想问我"为什么"这样的问题，如，"为什么来蒙古？""为什么开车来？"小战士翻译时所用的中文句型就是这样的："你来蒙古的目的是什么？"或"你开车来蒙古的目的是什么？"标准的外国人说中文的范儿。

填好入境单，就开始进入入境蒙古国所需的检查程序。碰见的第一个蒙古国官员，是一位明显具有白种人血统的中年女士，她会说一点点俄语。这位穿着海关制服的女士负责将等待检查的汽车安排到合适的位置上去停泊与等候。与其他的大脸庞蒙古人相比，她的脸型显得精巧许多。和她比比画画说了几句之后，不敢久留，赶紧把车停好，按其指令去办理各种手续。据说，如果一个蒙古国女子与中国男子多交往一会儿，就有可能遭到极端组织成员的伤害。咱不能给人家添麻烦不是？

很快，就在一个窗口前给我的护照敲上入境章。这意味着，我已经可以合法地进入蒙古国了。

下面，该给汽车办理入境手续了。

虽然在东奔西走、满世界飘荡的过程中，在世界上主要的发达国家的奢侈品专卖店中，见识过几乎所有的奢侈品牌，但我从来不敢忘记自己那颗平常的初心，对自己的衣着十分不讲究。对我来说，不用非要吃猪肉，只要见识过猪跑即可；服饰能保暖就好，够用就行；品牌完全无所谓。饶是如此，2015年7月5日上午，在蒙古国边境的海关检查站，我那一身皱皱巴巴的远行服装，还是显得与周边的蒙古国人格格不入。在他们的海关大厅里，我遭受到来自蒙古国人的各种眼神，基本上都是不友好，甚至有点儿敌意。

到了海关的窗口，把护照和汽车行驶证递进去，里面一个据说是

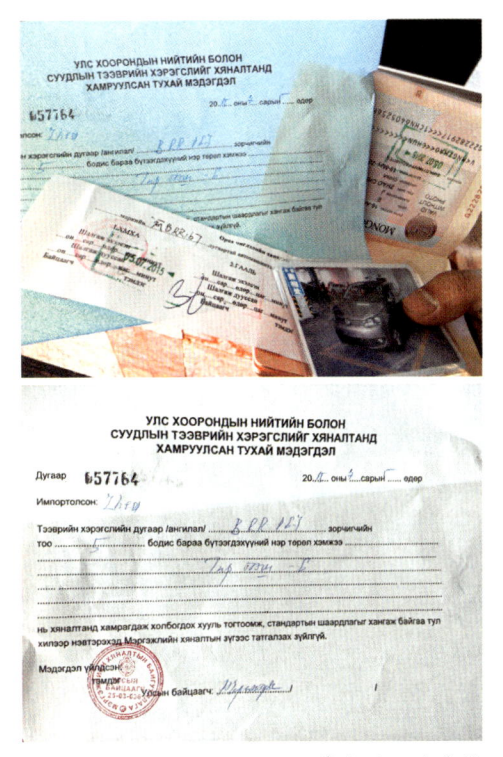

蒙古国入境手续

负责人的40多岁的妇女用蒙古语说了一通，就把资料给扔了回来。我试着用汉语、英语和俄语与她交流，但她表情木然，似乎根本不会除了蒙古语之外的其他任何语言。可是，她这里是一个主权国家的海关，海关工作人员咋能不会说几句外语呢？就连老挝的边检海关也能说几句中文的。

正在一筹莫展之际，一位皮肤黝黑的高个子大哥过来，用字正腔圆的汉语问我："兄弟你咋啦？"

我那一瞬的感觉，真的就是在黑乌乌的迷途之夜，忽然看到了指路明灯。以前常常听朋友说，语言不通，独自去国外玩，特担心在关键时刻自个儿把正事儿搞砸了。虽然每每听到朋友们的担忧，我都会随口鼓励一下，宽慰一下——别担心啊兄弟，怕个锤子！你那么睿智的人，我相信你绝对有能力用肢体语言去解决一切难题！但我之前其实对此并未有过切肤之痛。而这次在蒙古国海关，咱是真正地明白了兄弟们的苦衷。这跟买东西不一样，语言不通说不明白大不了我不买，我找另一家。在涉及海关、边防、安全检查等你

必须要处理的官方事务面前，说不通你就走不成！

原来，那位主动招呼我的大哥是咱们内蒙古的蒙古族同胞，每天都开车在中蒙两国之间走动。简单来说，就是做民间边贸的。大哥听了我的描述，立马就来到窗口，用蒙古语把我的诉求向里面那位负责的女士——据说是这里的科长——表达了。

科长听完之后，直接就说："中国车不能进蒙古国！"

"为什么呀？一个多月前不是还有一个中国房车队伍过境蒙古国去了俄罗斯吗？"我说，然后大哥又继续翻译。

"没有理由！你人可以进蒙古，但车不能进！"蒙古国的海关科长简单而粗暴地回答，然后再也不搭理我们。

这下没辙了。车不能进，我人进去干吗？咱这不是要驾车穿越亚欧大陆各国吗？我自己跑过去，车放哪儿？就放你蒙古国吗？

这时，大哥笑呵呵地安慰我说："别急，还有一个办法，去找扎门乌德的中国领事馆。"

紧挨国境线的扎门乌德是蒙古国的边境小城，正在咱们二连浩特的对面。这地方现在居然也有咱们的领事馆了？这个信息我以前倒是不知道。

大哥说："这样吧，你的车现在开不出蒙古国海关了，只能先停在这里。待会儿我把事儿办完，开车带你去咱们领事馆。"

半小时后，那位蒙古族大哥在海关办完事出来。于是我们就一起上了他的车，离开边境的海关检查区。

留心看了一下，蒙古族大哥的车竟然也是中国牌照，便问："刚才那科长说，中国车不能进蒙古国，你的咋能呢？"

"我的车是装货的，要不让中国运货的车进来，他们吃什么、用什么、穿什么？他们要禁的是中国私家小车。"

仔细一看，果然他这车就是一辆中巴面包车，只不过后面的座椅全都去掉了，装了满满一车的装修材料。蒙古族大哥一边开车，一边嘟哝："我这车上还有免费给他们某某官员从国内拉过来的实木地板，他们居然还要收我的税！"

"最后你解决了吗？"我关切地问。

"磨了好几个小时，解决了。"

和蒙古族大哥一番唠嗑儿，终于大致知道了最近蒙古国不让中国车入境的原因了。原来，我在某车网上看到的那个2015年上半年经过蒙古国去往俄罗斯的房车车队，在抵达蒙古国首都乌兰巴托的那天，他们将房车停在那座城市里的一个地位相当于咱们天安门广场的地方，然后取出国旗，一边挥舞，一边高唱中国国歌。这一极具挑逗性的场景正好就被蒙古国的一个议员看到，于是这事儿就被拿到蒙古国议会上去了。处理结果就是，禁止中国自驾车辆进入蒙古国，但持有蒙古国签证的中国人可以进入。而我去的那个时候，正好就处于蒙古国禁令生效的时间段里，所以我就被挡在了蒙古国海关。

从边境的海关大门出来，一条直路走一两千米，就进了号称是城市、实际上就像一个大一点儿的村子一样的蒙古边境口岸——扎门乌德。然后，蒙古族大哥的车就停在了一幢极为简陋的楼房面前。

他说，这就是中国驻扎门乌德领事馆。

把我送到领事馆门口之后，蒙古族大哥就开车离去了。

中国驻扎门乌德领事馆

说话间就进了咱们的领事馆，那感觉就好像回到自己的家一样。然后就见到了领事馆的小 L。不一会儿，W 领事也来了，那是一位和蔼知性而又富有原则的女士，让人一看到就感觉特踏实的那种人。顺便说一句，W 领事和小 L 都毕业于北京大学蒙古语系。

涉及某些外交、外事方面的细节内容，不该说的我肯定不会说，甚至我觉得没有把握到底该说不该说的，我也不会说。反正一句话，扎门乌德的中国领事馆令我感觉十分温馨、给力。当然，这并不是说，进了领事馆，所有的问题就都能迎刃而解。关键是为人民服务的态度，对我来说，有了态度，努力了，就足以让我感动不已。

把情况跟 W 领事和小 L 做了汇报，在沟通之后，W 领事二人开着挂有外交牌照的小车带我们回到蒙古国边境的海关。当天晚上，我的车子是肯定不能开出蒙古国海关的停车场了。W 领事的意思，让我和朋友从车上把贵重一些的行李取下来，当晚就先住在扎门乌德警察局旁边的酒店。

"挨着警察局，安全。"W 领事说，"有啥事，明天再说。"

现在领事馆就是咱的组织，组织的话，咱得听，不是吗？

W 领事和小 L 开车将我们和行李拉回到扎门乌德警察局旁边的火车站广场，然后分手离去。他们推荐的那家酒店就在广场上警察局的旁边，与当地一家银行在同一幢楼里。虽然这是当地最好的酒店之一，价格以中国的标准来看还不算贵，但在当地肯定是不便宜。至于条件，不用那么讲究，就当下乡好了。

酒店没有电梯，呼哧呼哧地行李搬到六楼房间，时间还早。一边沏茶喝水，一边就在窗前居高临下欣赏起了蒙古边境口岸——扎门乌德。酒店的窗户，正好就面

扎门乌德酒店与一家银行在同一幢楼里

对全城最高的一幢楼，那应该是另一家银行。

既然咱的领事馆让咱在这里住一晚，那就安安心心地待在这儿。这个世界，只要没去过的地方，上哪儿玩不是玩？所以，什么私家车不能进蒙古之类的，且扔脑后，先欣赏当地的人物景色，把眼前过好再说。

从酒店窗口俯瞰下去，蒙古国的边境城市——扎门乌德显得萧条而荒凉。除了几条主干道，其余小街小巷就是沙子路面。哪怕是有点儿微风，都会扬起沙尘。蒙古国几乎没有工业能力，就连基本的生活用品都得从国外买。街上蒙古国人开的车，全部进口，其中不乏来自日韩的二手车，价格极低。这就解答了我心中的一个疑问，为什么我们在二连浩特看到的蒙古国过来拉货的车都是苏联时代的老车了，不是蒙古国人买不起新车，他们的新车实在是太便宜了，只有让他们开着老旧破车过来，才能堵死从蒙古国往中国走私汽车的念想和行为。实际上，蒙古国汽车进口关税极低、甚至没有，他们的车价，远远低于中国车价。人家没从蒙古国给你走私汽车过来就好了，傻子才会从中国往蒙古国走私汽车。

因酒店就在当地警察局旁边，所以不时有警察进出。酒店楼下的街道上，偶有行人走过。那些都是蒙古国的普通人，长相都很普通。不管哪个国家，老百姓的最高理想，其实很简单，就是平平安安居家过日子。

这个时候，是 2015 年 7 月 5 日下午。

扎门乌德街景 　　　　　　　　扎门乌德女孩儿 　　　　　　　　蒙古国女警察

在酒店休息了一阵，收拾停当之后，拎着相机，下楼去逛逛。酒店南边紧挨警察局，警察局南边就是火车站广场了。

扎门乌德火车站为扎门乌德市区最大的建筑物，车站建筑的尖塔部分，为俄罗斯东正教风格，平顶部分则为中国北方民居风格，而穹顶部分为蒙古包建筑风格。扎门乌德站既是蒙古国通往中国的重要铁路口岸，也是中国连接东欧各国的重要咽喉。北京至莫斯科的国际旅客列车，经由该站比绕道满洲里走西伯利亚铁路缩短了上千千米路程，国际地缘意义和交通物流意义皆十分重大。

车站广场上有不少人，或聚在一起悠闲聊天儿，或慢悠悠地缓步而行，仿佛这天底下就没有什么可以让他们操心的。无忧无虑的生活总是令人羡慕和向往的。如果1921年他们不搞什么独立，这些人原本应该是我们中华民族同胞的，可以和中华民族大家庭中其他少数民族一样，享受各种民族优惠政策。

扎门乌德火车站广场

在广场逛累了，就近找了一家餐厅吃晚餐。蒙古菜有它的特点，譬如我点的那道面皮羊肉汤，不知咱们内蒙古有没有？底下是羊肉汤，面上蒙着的是薄皮面饼。戳开面饼，吃肉喝汤，面饼就是主食。

吃饱喝足，慢慢走回酒店。

话说，先前按照W领事的安排，我们住进扎门乌德的那家酒店的时候，由于办理入住手续，以及挑选与调换房间，与酒店的那位高大健硕、满脸都是灿烂笑容的接待大姐嘀嘀咕咕地交流了不短时间。所谓"交流"云云，实际上由于语言不通，也就是借助肢体语言比比画画，不时提笔在纸上写写画画而已。反正不管怎么说，最终大家伙儿还是彼此都明白了对方的意思。

蒙古面皮羊肉汤

晚餐后，我们回到酒店。朋友进房间卫生间方便去了，我独坐窗前，正思念着远方的亲人与朋友之际，正在盘算明天该当如何通过蒙古国边检顺利进入该国之时，就听见有人敲门。打开一看，原来是前台接待大姐。她笑嘻嘻地径直进房，嘚啵嘚啵地对我说了起来，当然我是听不懂的。也许是因为我长得慈眉善目还是咋的，她在我面前完全就不拿自个儿当外人，一会儿拉拉我T恤，似乎在翻看是什么面料，一会儿又指着行李箱说着什么。啥意思？咱们行李有问题？可这跟我衣服有什么关系？

正在纳闷呢，她一屁股就坐在床沿边上，指指自己，伸出三个指头，笑眯眯地说着一个我听起来貌似还有点儿熟悉的单词baby。然后又指着我道："baby？baby？"哦，明白了，大姐这是要唠嗑儿。她说有三个孩子，现在是在问我有几个。旋即她又指着我光着的脚丫呵呵傻笑。这有啥好笑呀？大夏天的，咱一个大老爷们儿进了酒店房间，大裤衩、光脚丫子到处跑的，不是很正常吗？

我正狼狈地应付着，朋友终于从卫生间出来了，大姐悻悻告别而去。

我正想跟朋友解释呢，他说刚才在卫生间里面都听见了。有一点是可以肯定的，那就是，她来并非我们的行李或别的什么譬如证件之类有问题。

"可是，那大姐跑来干吗呢？"

朋友笑嘻嘻地说："我刚在里面听到她好几次说到了一个疑似汉语'姑娘'发音的单词。"

"啥意思？给我们介绍对象？"

朋友摇头大笑道："介绍对象？那是不可能的！"

于是简单合计了一下，一直觉得这个事儿只有两种可能，一是大姐确实只是因为看到来了两个中国帅哥，普通蒙古人情感直率，感觉喜欢，就直接来和咱们聊聊天儿罢了，除此无他，咱不用想多了。二是大姐就是想来拉皮条的——要真是如此，考虑到酒店旁边就是警察局，那这个地方的社会治安还是有些问题。不过，一来咱们都是洁身自好之人；二来你敢在两眼一抹黑的情势之下和蒙古国女人有染？焉知那不是那些蒙古国新纳粹下的套？甚至说那是蒙古警察下套，我都相信。

第6章

这是哪位神仙姐姐在暗中助我？

  翌日早上起来，在火车站广场餐厅吃了早餐，又在广场上溜溜达达，看了看当地风土人情、人文景观等。然后，差不多到了上班时间，就慢腾腾走过去找领事馆。

  扎门乌德很小，没几步路就到了领事馆。把情况跟领事馆汇报完毕，他们在电话中一番咨询、疏通、交流、努力之后，W领事遗憾地说，"看来可能还真不好办。"她建议我们再去海关看看，如果实在不行，就只有回国了。

  这个事儿说起来咱也理解。在发生了中国房车的广场国旗事件之后，本来就讨厌中国人的蒙古国人禁止咱们私家车过境蒙古国去往俄罗斯，也是情理之中。

  此时，也不好意思再麻烦W领事和小L送我们去海关了。在与领事馆几位同胞告别时，顺口就问了一下，"为何这个领事馆大楼看起来那么破旧呢？"小L解释说："这个领馆刚建立，这幢楼是暂时租用的，过段时间，咱们领事馆就会有自己的房子。"

  说句后话，2015年那时候，蒙古国的资源咱们还要，他们也会跑来中国进口种种生活用品。领事馆的建立，就是为了处理双方日益密切的经济和文化交流。而今全球经济萧条，导致中蒙两国贸易总量随之减少，咱领事馆可能就没有那么忙了。

  从领事馆出来，几步路就到了火车站广场，在那儿叫了一辆破破旧旧的越野车，准备去边境线上的蒙古国海关。

蒙古国司机的长相就是一个典型的蒙古国人。和他谈好了价格，再三确认了是两人10000蒙图，大致就是30元人民币。然后拉上行李就向边关而去。从扎门乌德前往边境海关，是一条一两千米长的笔直的柏油路。按中国内地的标准，扎门乌德只能算一个人口多一点儿的村子，或很小的镇子。饶是如此，扎门乌德居然也弄了几个红绿灯在那几个没什么车通过的路口耽误事儿。路旁的沙地小道上，排着长长的车队。那些车基本都是以嘎斯69为主力的各种老旧苏式吉普，它们都是等着通关去往中国拉货的，过去之后到二连浩特的义乌市场把货买好，下午再拉着回蒙古国。

不一会儿就到了蒙古国海关大厅门口。下车的时候，蒙古国司机忽然涨价，说要每人收10000蒙图，合计20000蒙图。这哪儿行？于是，双方就在蒙古国海关大厅门前僵持起了。咱们决定坚决不让步，事先说好了价格，完事儿了再来涨价，这不是典型的乱来吗？这要是搁在荒郊野岭，咱一外国人拿你没办法，也许就只能屈从了；现在我就不信，在蒙古国国境线上的海关大厅门前，你敢当着荷枪实弹的蒙古国军警撒野。果然，看我们态度坚决，蒙古国司机只能拿着事先说好的10000蒙图悻悻离去。

蒙古国司机

排队等待去中国购货的蒙古国嘎斯吉普

蒙古国海关

在昨天办手续的那个窗口，此刻坐着的是一个30多岁的黑肤小胖子。上去一问，竟然还能说一点儿英语。大喜之下，赶紧和他沟通沟通。

小胖子慢腾腾地审查着我的护照和汽车行驶证，问："除了这个，你还有别的关于汽车的文件吗？"

我摸了摸藏在小包里的ATA单证册，憋了老半天，决定还是拿出来给小胖子看。小胖子接过去，手指蘸着口水一页一页地认真翻看起来。这动作，把我恶心得够呛，以至于我不得不掉过头去，佯装欣赏海关大厅墙上的那幅拙劣的山水画。

可是，为什么我不愿意把ATA给他呢？根据咱们贸促会的规定，在国外，如果你入境时把这个ATA单证册给人家的海关盖下一个章、撕掉一页之后，那么你在走出这个国家的时候，必须让他们再给你盖一个出境章。一进一出两颗章，缺了任何一个，你的ATA押金将不会退还给你。前两年在国内某人气极高的网站上，就有过这样的报道：一辆中国私家车进入俄罗斯时，找俄国海关在ATA单证册上盖了一个入境章、撕走了一页。结果当那位中国游客从俄罗斯回国时，在俄罗斯海关，人家就不给盖出境章了。因为俄罗斯私家车出入境不需要你这个什么ATA单证册，所以也不会给你盖章，至于你进来时谁给你盖了章，你找他去！

所以，驾着私家车去境外的朋友都知道，这个ATA单证册就是一个咱们国内关着门收自己人钱的玩意儿，私家车出国没人会要你这个ATA。小汽车跨国旅行，这多普通、多简单的事儿啊？要那么多手续干吗呢？如果ATA真的是那么不可缺少，为什么云南的磨憨口岸又不强求出境小型汽车必须要ATA呢？

小胖子仔仔细细地翻看着我的ATA单证册，此刻我偷偷地瞟了一下玻璃那边的蒙古国海关办公室，好像昨天那位女科长今天没来上班。这就意味着，如果小胖子给我盖章，并且给我开蒙古国海关的出门条，这事儿岂不就搞定了？

这边小胖子仔细审查了半天之后，竟然真的就打开抽屉，拿出公章，"啪"一下就盖在我的ATA上！至此，我兀自不相信自己的眼睛，反复问了好几次："这就行了？"

小胖子笑眯眯地说："Yes！ Welcome to Mongolia！"

东边蒙古，西边伊朗

蒙古国街头行人

天哪，这是哪位神仙姐姐在暗中助我啊？于是赶紧拉上朋友，跑到海关停车场，启动汽车，来到海关大门。把出门条给荷枪实弹的警卫一看，他一挥手，我轻点油门，一下就进了蒙古国！

从蒙古国边检海关的停车场出来，再次返回两千米之外的扎门乌德。正值彼时，除了货运车之外，扎门乌德竟然看不到一辆中国牌照的小汽车。这时我又想起早上 W 领事说的，这段时间蒙古国公务部门各方协作，拦截中国私家车。所以，在扎门乌德城内，不敢造次，我紧紧地跟在一辆蒙古国的中巴客车之后，这样前方的警察就不能在第一时间看到我的前车牌。

那一刻，感觉自己就跟 007 似的，与潜在的蒙古国警察斗智斗勇，一路躲躲藏藏，如履薄冰一般出了扎门乌德，就只有一条大路直通北方的乌兰巴托。这条路还是新近由中国建筑公司帮助修建的，路况极佳。

在公路入口处，交过路费 500 图格，相当于不到两元人民币。

路标显示，从扎门乌德到首都乌兰巴托，一共 651 千米。

走了一段，紧张与兴奋过后，开始反思今天这事儿。

看来，蒙古国的政策贯彻得并不好。像这种新近颁发的禁止中国私家车入境的规定，他们的海关应该每一个人都会学习到位。如果他们也像我们一样，有文件传达或者业务学习的话。当然，也可能正好学习新文件那天，小胖子因为某种原因而没有来。无论如何，对于一个风土人情、文化样态、政治经济的观察者来说，今天所经历的这个事情都具有较大的分析价值。其一，它表明蒙古国这个国家的组织结构有问题，或者说至少是不严密的，一个重大的政令竟然不能上传下达到每一个相关人员那里；其二，昨天出场的那位女科长，作为海关的一线窗口基层负责人竟然不会说外语，无法直接与比邻国家的外国人交流，这表明他们的干部任用并非完全是以业务为导向（当然就官僚体系而言，完全的业务导向不可能，但至少在具体的岗位上应该考虑业务水平的要求）；其三，就算小胖子在传达文件那天没来开会，事后科长也应该重新给他补上一课，毕竟小胖子是在窗口直接面对像我这样的外国人的经办人员。这也从另一个角度证明，那个女科长的工作能力还是有点儿问题。

无论如何，反正托小胖子的福，我们阴错阳差算是进来了。不管以后会怎样，今儿得空，就今儿先开心了再说。

第7章

皱皱巴巴的警服掩饰了他的气场

　　从扎门乌德收费站出来不久，就看到公路上立着一个拱门，门上方的蒙古文意思就是"扎门乌德"。别误会，我不会蒙古文，由于它采用的是俄语字母，我可以拼读出地名来，仅此而已。

写有"扎门乌德"字样的拱门

驱车跑出扎门乌德，草原上竟是满目疮痍。一个国家，如果资源相对于人口太过丰富，那么这个国家的国民多半都很难有什么大出息了。躺着卖资源就来钱，谁还会劳神费力地去学习、发展、治理自己的国家？这样的例子，可以适用于世界上很多资源型国家。

那么，这是不是说，资源型国家就没治了呢？也不完全是这样。从经济角度来看，现在的俄罗斯就正在向着一个比较典型的资源型国家转换。在俄罗斯的商场，已经很少能看到俄罗斯本土的产品了。当然，俄罗斯曾经靠着理想和意识形态也将自身强有力地组织起来，并成为世界两霸之一。不过一旦理想坍塌，它就被打回原形。说起来这也不是俄罗斯人、蒙古国人、卖石油为生的阿拉伯人的错，人性使然。他们只是在人性的魔掌控制之下，不由自主地苟且偷生而已。

等到出来有一段了，感觉比较安全靠谱儿了，便给 W 领事打了一个电话，报个喜。对于我居然能够脱困而出，进入蒙古国，W 领事也颇感意外。她一再提醒我们，一路要多加注意！多加小心！

W 领事的意思，我明白。蒙古国这个国家，一个重要政策落实到基层，居然都会有具体经办人不知道、不了解，从而造成漏洞。这也表明了这个国家的权力运作并不那么有效率，但亦不能不提防。完全严格不可怕，这样最好，咱严格照章办事即可；完全乱了也好办，各显神通钻漏洞呗。讨厌的就是那种阵阵抽风型，一会儿行，一会儿又不行的，让人无所适从。

蒙古国的风景，千篇一律，真没什么看的。而最正宗的蒙古国人也不在今天的蒙古国，而是在中国内蒙古；甚至，独立之后的蒙古国都没有使用传统的、正宗的蒙古文字。当年外蒙古独立之时，人口稀少。苏联从亚欧大陆上各地搜罗到各种"蒙古人"，一火车皮、一火车皮地拉到蒙古国，凑齐了一定量的人口基数，才达到了将外蒙古分裂出中国的目的。

很快就从路途中的第一个城市、也是蒙古国第四大城市赛音山达旁边经过了。由于担心蒙古国交警拦截，没敢进城。我的计划是赶紧开进乌兰巴托，然后把车悄悄地停在酒店，再租一个当地车出来逛。

大漠上的路，走着很枯燥。昏昏欲睡之间，忽然就注意到迎面而来的一个有着三四辆车的小车队竟然挂着吉 A 牌照！中国车啊！不知他们是从扎门乌德进去后返回的呢？还是从北边俄罗斯过境蒙古国回中国的？

进入另一个蒙古国行政区

蒙古国路标

此刻，进入蒙古国大概有 300 千米了。

上一次加油还是在国内的二连浩特。这两天在通关排队时，哪怕停着车也几小时不间断地开空调，油量消耗不小。现在，如果要一路跑到距中蒙边境 650 千米的乌兰巴托，就必须在中途加一次油。

正好路边看到一个加油站，一转弯就钻进去了。停好车下来，扭头一看，公路那边远远地过来了一辆警车。吓得我们又一溜烟地钻进车里，赶紧启动，还是找下一个加油站吧。好不容易进来，又让警察给逮回去，多冤哪。

从那个加油站出来，一路上竟然再无加油站。当然蒙古国也不需要那么多加油站，以中国的标准来看，它的公路上基本上就没有什么车在跑，还不如咱们一条县道的交通繁忙。

跑了 100 多千米之后，看到有一个小村庄，赶紧一抖方向盘进去！说是小村庄，那是按咱们中国的标准来判断的。在蒙古国，这也许就是一个小城市了，说不定还是县级市。不过，在这个地方，只有一黄一白两栋楼房，孤零零地立在一群小破房屋里面，特显眼。

蒙古国小城里的楼房

在这小村庄，或者说小城市里，开着车一阵乱逛，远远地就看到一个熟悉的标志——加油站啊！

那个加油站看起来很是破旧，一副被遗弃了的样子。朋友犹豫道："这种加油站的油，能不能用啊？"

此刻还有一辆皮卡正在那里加油，说明还是有胆儿大的敢用它的油。于是，我说："管他的，都饿成这样了，咱哪儿还敢挑食啊？别看它小，那蚊子腿儿上也是肉啊！"

咱就赶紧过去吧，加满油好去乌兰巴托，去那里看望心爱的姑娘——其实没有，连想象都没敢去想象，咱只知道那儿有穿着制作粗劣的山寨版德国盖世太保制服的蒙古国土纳粹。在没有遇见外国人的时候，他们就穿着戏服自己演戏玩儿；一旦看见外国人，他们就摇身一变，成为街头流氓和地痞。算了，咱少惹事儿，咱的目标就是赶紧穿过蒙古国，北上俄罗斯。

在那摇摇欲坠的乡村加油机面前刚停下车，下来正准备打开油箱盖子加油，旁边那破烂的皮卡车后面，就钻出一个穿制服的中年男人来。当然，也可能没有中年那么大年纪，蒙古国人看着显老，很多时候真的无法准确判断他们的年龄。

走近一看，哎呀妈呀，这不是警察吗？一张晒得黑乎乎的脸庞，很严肃的样子。刚才，那一身皱皱巴巴的警服大大削弱和掩饰了他的气场，以至于我过来时完全就没注意到，警察就在面前。要不我就跑了！

这个乡村警察看了看我的车牌，冲着我大嚷起来。现在有啥办法？只好把护照、行驶证给他检查呗，关键他腰里还别着一把小手枪！虽然塑料感十足，但我坚信那确实是一把真正的手枪！

须臾，警察检查完证件，抬头冲我嚷嚷着什么，指指我的车，又指指皮卡，掉头准备上车而去。他的意思我明白，就是让我开车跟着他走。事到如今，我能咋办？紧紧跟上吧。要是跟丢了，那就惨了。人生地不熟，语言不通，我上哪儿再去找他？我的证件可都在他手上啊！

不一会儿，就到了一栋挂着POLICE（警察）牌子的小平房面前。停下车，警察就跑进屋去。从外面可以隐隐约约看到，他正提着座机话筒打电话。看他打电话那点头哈腰的样儿，肯定是在向领导汇报这事儿。不一会儿，他

蒙古国乡村警察所

出来,用手指了指派出所门口那个停车P字牌,大声嚷着什么。那意思我懂,就是让我停在那里别动。然后,他拿着我的证件,上车绝尘而去。

这次我没试图跟着去,而是从车上把茶水瓶子提溜着,在旁边一所老旧房子的屋檐下,找了一个阴凉处坐下,舒舒服服地休息着品茶。

此时大致可以判断,蒙古国围堵中国私家车,应该是一个综合性的专项整治活动。这下算是明白了,无论哪种情况,都意味着极其糟糕的结局。既来之则安之,爱谁谁吧。找着了他的庙,就不怕跟丢了人。大不了把车停在他这小房子面前,我就在车上吃住几天,总会有和尚来。看这房子的架势,应该是一个乡村或街区派出所,而那个穿着皱皱巴巴警服的警察则很可能就是这里的驻守者。如果推测不错,那就比较麻烦了。窝在如此艰苦的地方的乡村警察，要么很迂，根本不会提供任何回旋的余地；要么就是急于立功，以便逃离这苦境。这下好了，他抓着了一辆中国牌照的自驾车，这起码会有一个通报表扬吧，说不定还能弄一个三等功也未可知。

在蒙古国荒原的夏日骄阳下直接暴晒，无遮无挡，非常炎热。而一旦躲进阴凉处，立马就感到凉风习习，甚慰我心。这便是大陆型气候的特点了，早晚温差很大，晚上基本不需要空调，最多有台电风扇就足够了。即使是白天，哪怕气温再高，风也是凉的。

我一边品茶，一边就又想起几小时前在路上迎面碰见的那个由北而南的吉 A 牌照小车队。要是他们是从俄罗斯过境蒙古，南下回中国，那就说明，这条路对于机缘很好的人来说，是存在意外之喜的。但是，如果他们也是从南边的扎门乌德入境，走到中途被人赶回来了，情况就相当不妙了。

蒙古国民居

第8章

与蒙古国警察打交道，是怎样的体验？

进入蒙古国以来，最先是和普通蒙古国边防士兵打交道，然后和海关官员斗智斗勇，再后便开始与警察周旋。按照这样一个芝麻开花节节高的节奏，我设想，接下来似乎就应该会面对蒙古国正规军了。

乡村警察所、警察的车和我的车

不要问我为什么有这样的预期，这是逻辑，男人就是逻辑动物，所以我们总是在逻辑中等待着什么。要是换成女人会怎么样呢？据说女人是感性动物，在这种场合下，也许她接下来就会期待遇见一只狗，或邂逅一场大雪，或别的匪夷所思的东西。对大多数的女人来说，其思维很有可能就像跳蚤一样，你永远也无法确知她的下一跳会蹦到哪儿去。

如果上述逻辑成立，那么我倒是对蒙古国正规军序列中的蒙古国海军非常感兴趣。据可靠的媒体报道，蒙古国海军舰队位于该国北方的一个湖里，只有三条小船、两门小炮、一台发动机，七个兵，一个司令。据说，蒙古国海军官兵一生中最大的愿望就是能够看一眼真正的大海……关于蒙古国海军，还有一个八卦消息我得给您说了——郭德纲曾经在一次相声中亲口介绍过，这个蒙古国海军司令是郭德纲搭档于谦他老丈人。

在乡村派出所门前等了40多分钟，乡村警察终于开着车回来了。随车而来的还有一个高个子警察。这一瞬间，我大感失望，说好的蒙古国正规军咋没来呢？不过转念一想，便即恍然大悟，抚掌而笑。乡村警察之后，如果就直接蹦出正规军来，那是跳级，从小学直接跳到了大学。我想，无论是我的运气，还是我的能力，都还没达到足以让我可以跳级的地步。

为何如此判断？很简单，在此前的逻辑顺序上，少算了一个环节，那就是乡村警察之后，碰见洋气的城市警察，那才是这个逻辑合理的内在机制啊！

右面这张图中的这位便是我朋友偷拍的随后来的那高个子城市警察，他看起来一点儿也不像蒙古国人，完全就是一帅哥。由于朋友偷拍这张照片的时候，他的手是垂在身体边的，这意味着镜头放的位置很低。根据透视原理，站得稍远一点儿的我看起来个子又矮又小。鉴于此，我就把图片右边自己的

蒙古国警察巴雅尔

形象裁掉了，等下次拍得高大上一点儿，我再露脸——其实我和他的高度差绝对没那么大。作为一个正宗的中国人，咱好歹也是一米多高，100多斤。

高个子警官叫 Баярмагнай，这是蒙古文拼写，要叫起来也比较复杂，根据读音，我就把它简化成了巴雅尔。跟着乡村警察而来的巴雅尔会说一点点英文，大致相当于咱们高中一年级的水平吧，还不是咱们重点中学的高中。他看起来很友好，结结巴巴一番交流，说明白了他的意图。他奉命前来，是要帮我们把车开回到蒙古国第四大城市、位于此地南边的东戈壁省的首府赛音山达的警察局去。

"可是，为什么要帮我开车呢？我曾经在几十个国家开过车，驾驶技术一点儿问题也没有，不敢有劳您代驾啊！"我抗议道。

巴雅尔解释道："那是因为现在的蒙古国法规不允许中国驾驶员开车进入了，中国驾照不合法了，所以必须由当地人帮忙驾驶。"

我又问："回到赛音山达之后，那又如何呢？"

他说："不知道。我负责把你们交给赛音山达的东戈壁省警察局交警总队的总队长。别担心，最多应该就是让你们开车回中国吧。"

到此为止，这个事情变得很明了了。他们让这个会一些英文的高个子警察来帮我驾车返回南边150千米的赛音山达。表面的理由是说不允许中国驾照在蒙古国使用，实际上是确保把我们弄回去。无奈之下，只得把方向盘交给巴雅尔了。然后，我这辆孤独的香槟色小车不得不踏上了南归之路。

一边走，一边试着和他交流聊天儿。一番闲扯，微信是互相加上了。顺便说一句，我的微信上有不少在国外结识的老外朋友。一款社交软件，只要咱们中国人大量用它，它就必然会成为世界第一；一旦成为世界第一，反过来又会推动这款软件的发展，这就形成了一种良性循环。那么，老外怎么看微信？最近《纽约时报》弄了一个评介微信的视频，在咱们微信朋友圈转发了不少，应该有很多人看到过。据美国人报道，现在Facebook、Twitter、Google等国外社交软件已经开始大量抄袭、借鉴咱们微信的思路和设计，那就对了。另一方面，由于我的微信上有不少老外朋友，那就意味着我在朋友圈的发言会非常小心，力求弘扬正能量，尽量要做到理性、客观、公正，不然让当事国的朋友看到，友谊的小船立马就要翻。

巴雅尔和我的沟通，一直都是用英文。前几天，他还在微信上用英文"吼"了一段话给我，叽里咕噜的。这家伙就是懒，在微信上总喜欢用语音的方式和我交流。这就把我害苦了，他的英语语音甚至比印度人的还要怪异，我经常都不知他在微信上嗷嗷嗷地说什么。不过这次我大致听明白了，他在问我的书何时出版？

他一直说想来中国找我玩，但一直没来。最近蒙古国矿石卖不出去了，经济快要崩盘了，可能他暂时更没法儿来中国了。不过这也没什么，逢年过节，彼此问候一下，就是朋友。朋友是交流得来的。如果条件允许，将他国的孩子接到中国来读书，是提升两国民间关系最有效的办法之一。一旦他们将孩子送来中国，他们从情感上就被粘住了，就成了我们的利益攸关方，他们对中国的印象和态度自然就会好转。这样，两国之间彼此厌恶甚至热战冲突的概率就大大地下降，就像中美之间一样。当然，这并不能降低两国之间经济大战的风险。经济大战是由资本的属性决定的，并不取决于国家、民族、政党属性。就算在同一个国家之内，甚至小到同一座城市之内，资本之间你死我活的竞争，亦日日上演。

巴雅尔开着我的车，一路押送着我们南下赛音山达。

这下子我需要做什么呢？首先，最重要的就是给领事馆的同志们发一个短信，把眼前正在发生的情况简单汇报给他们。要是万一发生了什么，咱们的组织也知道上哪儿去捞人不是？不然就这样给人逮进国外的警察局，会发生什么，天晓得！

给领事馆短信汇报得到回复确认之后，也就踏实了。大不了就被拘留蹲一晚上牢房，还能咋的？我就不相信，咱们没犯法，W领事会不管我们，任由他们乱来！

然后，便与正在驾驶着我的车的高个子警官用英文聊起了天儿。

高个子告诉我说，他有两个孩子，老大在中国呼和浩特读初中。

"供孩子在国外读书要花钱呀，你们警察的收入如何呢？"我开始八卦。

他说："在蒙古国南边的东戈壁省当警察的收入，一个月大约相当于2000元人民币。我老婆做会计，每月收入相当于800元人民币。"

"是吗？这样的话，孩子在中国读书会不会有压力呀？"

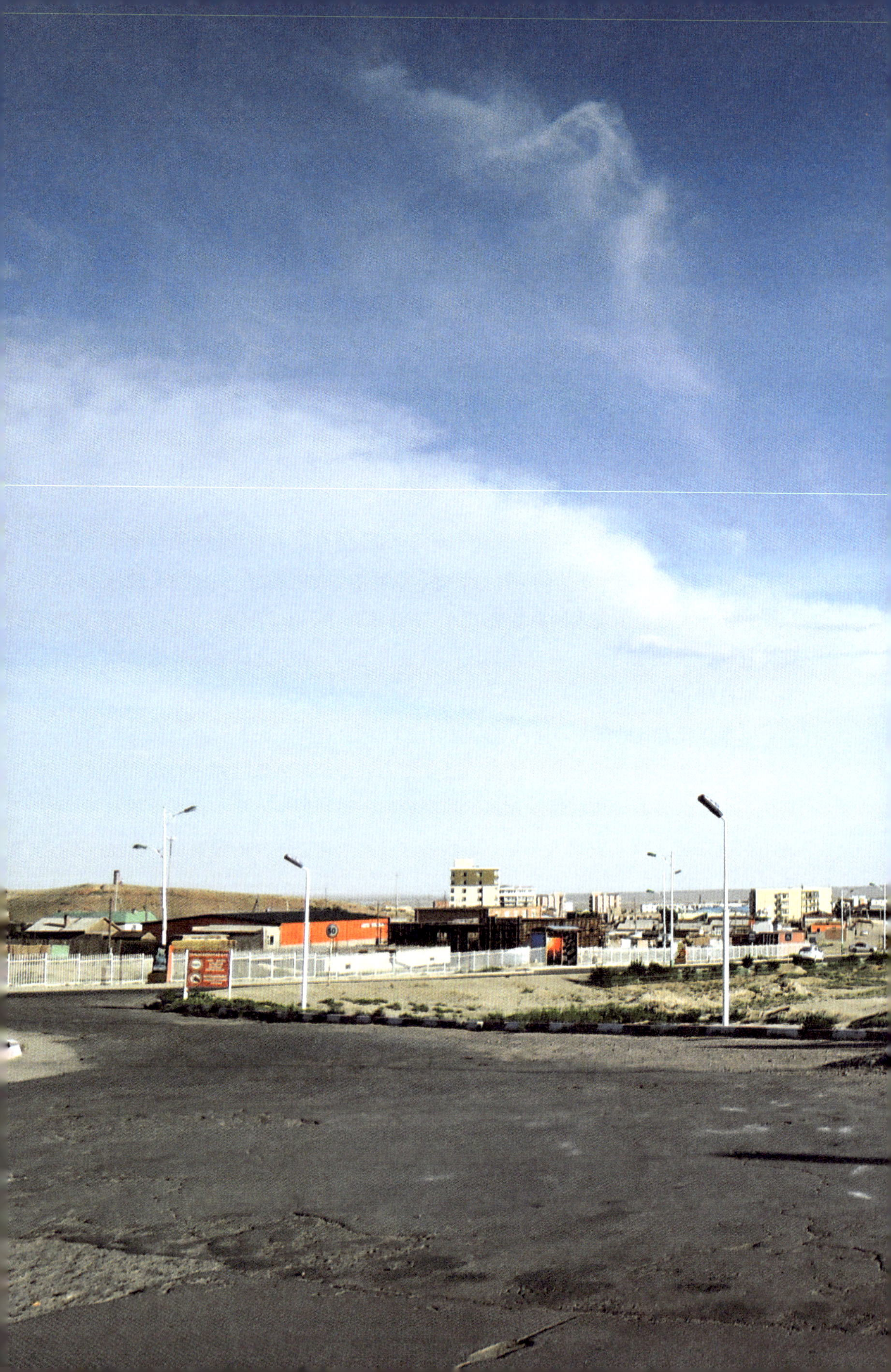

赛音山达

他呵呵笑了起来,指着肩章说:"我这里的星星马上就要增加一颗了,收入会高一点儿了。"

"那就是要提拔了呀,恭喜恭喜!"

一番交流沟通之后,双方的心理距离明显缩短,以至于我都可以笑嘻嘻地问他是否有情人这样的私人问题了。而对于我关心的蒙古社会治安,巴雅尔的说法是:不喝酒还好,喝了酒就不好说了。

在那种良好的氛围下,与坐在后座的朋友一番商量之后,我就试探着问了问巴雅尔:"如果我们交纳一定的钱的话,可否放行呢?"

他一听,脑袋摇得跟咱们二十年前用的那种台式电风扇似的:"不行不行。你们这个事儿,已经层层汇报上去了,知道的人很多了,现在无论如何我已经不可能、也不敢放你们走了。"

许是看我面现沮丧,他又安慰道:"不过,也许还有一个办法可以帮到你。咱们交通部门有一个手续,叫DADA(蒙古语读音,具体是什么我也不知道),有了它,外国车就可以在蒙古国合法行驶了。"

根据他的介绍,这个读音为DADA的玩意儿,应该是类似于交通营运行驶许可证之类的东西。事到如今,也只好死马当活马医了。既然有这个可能性,那哥们儿您就接活儿开工吧。于是,巴雅尔一边开车,一边拿着电话开始各种联系和沟通。看得出来,他也挺想帮咱们这个忙的,或者说挺想挣这笔钱的。毕竟孩子在国外读书的压力就摆在那里。

然而,一番忙碌,最终的结果是不行!对于这到底是因为他关系不够呢,还是蒙古国对中国车的控制严了,他语焉不详。也罢,不行就不行,在当时的形势下,一个普通的警察要办成那种事情难度确实比较大。

蒙古国的这条由中国建筑公司帮助修建的纵贯南北的公路,基本上没什么车在走。100多千米路,很快就到了蒙古国东戈壁省首府赛音山达。在蒙古语里面,赛音山达的意思是"好水池",可它偏偏却又是蒙古国最干燥多尘的省会之一。赛音山达城区面积4平方千米,人口约4000人,城里面大大小小的商店只有16家。一座敖包山将老城区和新城区对半分开。赛音山达火车站位于老城区南部,是人们远途和出国出行的唯一工具。赛音山达相对于蒙古国别的大城市而言经济比较落后,当地人大多以游牧为主。

在小小的"大城市"赛音山达城里没绕几下,高个子就把车停在了省警察局门前。进了警察局,蒙古国东戈壁省交警总队的总队长办公室就在一楼。一进去,巴雅尔立马冲着办公桌后面一个看起来十分彪悍的40多岁的警服男子毕恭毕敬地敬礼——他就是交警总队的总队长了。等总队长一开口说话,我却小小地吃了一惊。如此孔武的男人竟然配了一副温婉的嗓音——如果我不说那是娘娘腔的话。

赛音山达的公交车站

赛音山达警察局

东边蒙古，西边伊朗

赛音山达城内的雕塑

总队长态度还算客气，毕竟我们这事说破了天，也不过就是一个交通问题，绝对算不上什么恶性案件。他示意我在他办公桌面前的椅子上坐下，然后拨通了一个在当地开店卖手机的中国蒙古族先生的电话，通过这开着免提语音的手机，由中国蒙古族先生做翻译，我们开始了对话。

他一脸严峻，以不容置疑的口吻坚决地说："根据蒙古国最新的政策，中国私家车不能进入蒙古国。所以，你必须原路返回。但你个人如果持有合法的蒙古国签证，可以进入蒙古国。"

我抗议道："我们中国拿你们蒙古国当朋友，每天你们蒙古国那么多车都能进中国去购物，我们为什么就不能来呢？朋友之间，还要不要讲一点儿礼尚往来？"

他挺直了腰板，做义正词严状，说："蒙古国的车，只限于在你们二连浩特行驶，不能出二连浩特城区一步。所以，你们的车，也完全可以在扎门乌德城内随便行驶，但不能开出来！"

就这么据理力争，说了半天无果。我请我朋友去停放在外面停车场的车上取回一本我写的书过来，然后我把这本书给总队长看。我告诉他，我是一个文化研究学者，正在按计划进行着亚欧大陆的考察之旅。由于时间有限，希望能够过境蒙古国北上俄罗斯，否则要绕行满洲里进俄罗斯的话，那就要多走 3000 千米路程，会耽误很多时间。所以，我希望总队长能够放行，既方便我的整个考察行程安排，也让我有机会欣赏与领略蒙古国的风土人情和自然风光，以便我能够在今后某个恰当的时间，把蒙古国介绍给我身边的中国朋友。

总队长一边津津有味地翻看着我的那本书，那里面的文字他看不懂，但有许多我拍摄于各个国家的照片，一边就放缓了语气说道："以后怎么写、怎么介绍，那是你的自由，我无权干涉，但我希望你能够如实地反映今天的事情。"

然后，他就拿着我的书，饶有兴致地和我聊起了关于欧洲、关于美国、关于俄罗斯等话题。看得出来，他对蒙古国之外的世界非常感兴趣。不知不觉就聊到下午 4 点多了，我问："今天这事儿我们咋办呢？你现在让我回中国也来不及了啊。"

这个时候，办公室里的气氛已经大为缓和。他笑道："我只是依照蒙古国的法令在处理此事，却并不希望你和你的朋友涉险夜间驾驶。这样吧，你们今晚就住在赛音山达，去玩玩，这个事儿明早你再过来说。"

这态度，难道是有松动？不知道。不过我想，就算是总队长愿意给予我们方便，他也需要时间，因为这个事情不是他一个人能够决定的。也罢，既然如此，那就只好在赛音山达住下了。临走时，我注意到在总队长办公室的侧墙上，挂着一幅用一整张大大的牛皮印烫绘制的地图，那上面是曾经疆域覆盖大半个亚欧大陆的宏大的蒙古帝国版图，下面还有一行英文字：Mongolian Empire（蒙古帝国）。这样的地图竟然就挂在他们公职人员的办公室里，看来，蒙古国骨子里还躺在昔日的历史记忆中骄傲着。可是，就像一个老太太永远不可能回到容光焕发的青春一样，他们永远也回不去那充满血腥与暴力的冷兵器时代了。作为一个干瘪老太，就要习惯于每天慢步缓走，逢人带笑，没事儿到广场上去跳跳广场舞。要是这个老太还经常幻想着要杀个人、越个货什么的，那就是精神出现了幻觉分裂。这是病，得治。

我领首道："您这张地图做得真漂亮！"

总队长呵呵一笑，耸了耸肩，脸上现出复杂的表情。

我赶紧就问："我可以拍一下这幅地图吗？或者给您拍一张照片？"

对我这个请求，他一口就拒绝了，说这间办公室里面不允许拍照。

赛音山达街景

我悻悻地从赛音山达交警总队总队长办公室出来，巴雅尔带着我们到城里找了一家还算不错的酒店住下。安顿下来之后，又和领事馆联系了一下。领事馆说，最近蒙古国确实政策比较严，明天早上可以再努力一下，看行不行。毕竟蒙古国海关先拦着你，后来不也阴错阳差地让你进去了吗？

地球在它自己的轨道上运行，跟一老好人儿似的，从不招谁惹谁，说不定哪天也会被一颗不知从哪儿冒出来的流星撞飞，何况人呢？努力去改变与努力去适应，有时候具有同等的重要性。

拿得起来放得下，既如此，那就放松心情，就当是赛音山达一日游吧。

第9章

不把爱恨扯平，咋能真正谈感情

夕阳下的赛音山达，带着浓浓的苏联风格的街道上基本上看不到什么人。风儿时缓时急，气温慢慢地降了下来。

到处都是俄语所用的西里尔字母，乍一看街上的招牌，恍惚之间还以为到了俄罗斯呢。蒙古国独立以来，长期受苏联控制。甚至传统文字都被苏联人取消了，换成了现在这种以俄语字母为基础的拼音文字。然而，世间的事儿就是那么怪，你越不在意它，它似乎对你越好。现在，许多蒙古国人就对俄罗斯人抱有某种莫名的、不可理喻的好感。倒是像咱们中国，什么都让着他们，干什么都讲究一个和平共处、平等交往，他们反倒不太欢迎咱们。

如果说中国的一线、二线城市就像一枚大大的恐龙刚囵蛋，高高地立在大地上，那么赛音山达就是一个煎蛋，而且是一个煎鸽子蛋，摊开了也就那么一点点，跟小孩儿吐在地上的口水似的。

没几下就逛完了这个蒙古国第四大城市。那就找地方吃吧，慰劳一下自己。开着车一番乱逛，在一幢看起来还算高大的建筑前停下，这里是当地的另一家涉外酒店。因为是为外国人服务的，酒店餐厅里的菜肴应该做了一定的改良，不算是正宗的蒙古味儿了。不过，也正因为这里是为外国人服务的，想来安全度应该要高一些吧。

进去之后，按菜单随便点了几下，等了半天菜端上来一看，还真就是西餐，或者准确地说是俄餐的装盘方式，不过味道还是带有比较浓郁的蒙古国风情。

上部　东边蒙古　077

赛音山达餐厅

蒙古式晚餐

晚餐之后，原本打算到城里玩玩的。开着车一番转悠，发现商店几乎都关门闭户，有一个貌似歌厅或夜总会的地方聚集着一些蒙古国年轻人，吵吵嚷嚷的，给人一种特不安全的感觉。

算了，还是回酒店去吧。

这一天折腾得也累了，倒头便睡。

翌日一早，吃过早餐，收拾停当，按照约定驱车前往警察局。

9点钟准时到达，却发现几乎所有的警察都集中在警察大楼一楼的会议室吃早餐，无人上班。按说蒙古国已经实行民主了，咋在公费早餐这一块，还这样呢？敢情，这是假民主，哪边有利就往哪边靠？

这一等，就是半个小时。站在昨天打过交道的蒙古国东戈壁省交警队的总队长办公室前候着时，偷偷照着他门上的字牌用手机拍了一张。楼道里光线昏暗，不得已开了闪光灯，照片效果不好。

接下来，我该和他说什么呢？

等队长吃完早餐，我进到他办公室。

这次，似乎我在蒙古国的好运已经耗尽，总队长用他那温婉的嗓音，不容置疑地说："你的事情，我们已经商定了，没有松动，所以你的车必须原路离开蒙古国，返回中国。但你们人可以在蒙古国随便玩。"

然后，总队长把我的行驶证还给了我，让我们开车南下扎门乌德回国。

看来他们已经做出了最后的决定。事已至此，再多说什么也没用了。我和朋友一起回到车上，面面相觑，一时难以决定下一步该怎么办。总队长让我们回去，却并没指定任何警察陪同押送，当然这个事情也没到押送的地步，毕竟我们人并没有违法。这是否意味着，如果我们不管他，直接开车北上也是可以的呢？到了另一个省，那里就不归他管了。

可是，此番如再度北上穿越蒙古国，能过则好，如果过不了，又被拦回来，那么就要耽误太多的时间了。商量了一会儿，觉得还是算了，要是再冒险下去，输不起时间，还是原路返回吧，咱们从满洲里出境去俄罗斯。这次到蒙古之行，就相当于一个蒙古国几日游好了。

赛音山达不大，也没什么旅游资源。实际上，要说蒙古国的茫茫大漠上能找到什么特别好看的东西，还真不是一件容易的事儿。

赛音山达城边拱门

赛音山达战争纪念碑

管他的，先加油吧。加好油之后，径直驱车去往赛音山达城北边的那个拱门。拱门的旁边，有一道小小的山梁。上到山梁，就可以俯瞰赛音山达城了。

山坡顶上有一个小小的纪念园，那里陈列着一辆涂有蒙古国国徽标志的"二战"时期的苏制坦克歼击车，在那旁边还有一个"二战"时期装束的蒙古国士兵塑像。可是，难道现代的蒙古国竟然也能出英雄，以至于他们都要给他塑一座雕像来纪念？转到塑像的背后就看到了，这个军官背着某种用于测量的仪器。看来，就是一个技术测绘军官吧。

从山梁上俯瞰下去，发现城边有一座寺庙，金色的庙顶在一片低矮的小棚屋里面显得特别扎眼。于是长驱而下，直奔寺庙而去。

到了庙门外，看到一个令人好奇的东西，在一个两米高的水泥台上，一把镰刀、斧头和蒙古国国旗上那个图腾标志并列在一起，锈迹斑斑。这样的

笔者与赛音山达战争纪念碑

党徽与图腾标志

造型是在暗示曾经那场在苏联人的帮助下传统蒙古国试图与共产主义相结合的努力吗？我不得而知，估计现在的蒙古国人也不会再去关心这个无人问津的作品了。

赛音山达的这座庙是藏传佛教的庙宇。

可是，蒙古国如何与藏传佛教扯上关系的呢？关系大了！这事儿最简单都得从清朝说起。

一般的看法是，藏传佛教传入蒙古国主要是在 13 世纪忽必烈汗时代和 16 世纪阿拉坦汗时代，在两次较大的历史性接触交流中被蒙古族广泛接受的。事实上，蒙古人在元朝建立以前就开始信仰藏传佛教，据说连"达

赛音山达寺庙

赖喇嘛"这个名号也是蒙古人给取的,它原本是蒙古土默特部首领俺答汗(1507—1582)于1578年赐给第三世"一切智上师"索南嘉措(1543—1588)的一个封号,而俺答汗的孙子云丹嘉措(1589—1616)也被认定为第四世达赖喇嘛。一直到清朝,蒙古人的绝大部分经济收入都流入西藏,用于"进藏熬茶"。

在元代,由于蒙古贵族的推崇,最先由西藏传入的是红教。当时,虽然红教在上层统治者之间传播,蒙古民间多数还是信仰萨满教。元末,红教日趋腐化。14世纪末叶(明洪武年间),青海藏族喇嘛宗喀巴,鉴于喇嘛教中的腐败现象,在西藏一些农奴主支持下,发起改革,创立了著名的格鲁派。这一派主张僧侣严守戒律，着黄色衣帽，被称为黄帽派，简称黄教。黄教是藏传佛教格鲁派的俗称，因该派僧众戴黄色僧帽而得名。但在清人入主中原之前，红教和黄教在蒙古地区各领风骚，各有势力范围和教众基础，谈不上谁压倒谁。

但从清朝开始，宗教政策就开始改变了。可以说，从大清龙兴于满洲以来，甚至在他们进入北京之前，他们就意识到了蒙古的威胁——没办法，谁让蒙古人曾经彪悍得有点儿过分呢？搁谁谁都担心不是？俄罗斯至今不也还在提防蒙古吗？因此，有清一代，清廷一直都把蒙古各部看成潜在的对手，从康熙开始，就想方设法加以防范和限制。后来乾隆甚至提出了非常具体的操作方案："兴黄教，即所以安众蒙古，所系非小，故不可不保护之。"那意思就是，要在蒙古地区限制红教、大力推广黄教。清廷甚至规定，蒙古人家里男丁，除留一人之外，其余皆须入寺当黄教的喇嘛。可是，黄教红教的，不就一个颜色吗？这有什么意义呢？你还别说，它的意义可大如天！

我们知道，藏传佛教里面分黄、花、白、红四大教派，只有宗喀巴的黄教是不许结婚的，其他的都可以。而清廷在蒙古弘扬的恰恰就是这个不可婚配的黄教。

那么，这个宗教政策执行下来，后果如何？我们首先眼见着的，就是蒙古社会中凭空滋生了一个食利阶层，喇嘛在蒙古社会中除了不能结婚生子之外，具有崇高的社会地位，他们不需要劳动。其次，整个清朝，对于武力强大的蒙古准噶尔部，以暴制暴；而对于蒙古其他各部，则采取文化宗教的统治手段，清廷花费甚少，效果甚好，到了清朝后期，已经彻底地、从根子上解除了蒙古的威胁。

看一段《冯玉祥自传》中的文字吧："谈到人口，蒙古本有1200万人。在清人长期统治之后，今已减少至50万人。清利用喇嘛教以统治蒙古人民，凡有兄弟八人者，七人须当喇嘛；兄弟五人者，四人须当喇嘛；仅有一人可为娶妻生子的平民。当喇嘛者有红黄缎子穿，又可坐享优厚的俸禄。女子没有充当喇嘛的福气，但又难找得相当的配偶，于是都做了内地人泄欲的对象。因为由本部内地来的文武官吏及军队、商人，都以道远不能携带家眷，他们都可以在这里找到临时太太。一方面是七八个蒙古男子仅有一个妻子，一方面是一个蒙古女子，有若干的内地人为她的临时丈夫，事实上形成一个乱交的社会。同时男女卫生都不讲究，染上淋病、梅毒以后，惟有听其自然。当时活佛即患梅毒，烂塌了鼻子。据说目前检查结果，蒙古青年17岁至25岁者85%都患有花柳病；25岁以上者，所占百分比自然更大了。"

冯玉祥所言应该有所夸张，譬如据学界考证，蒙古本族人似乎就从来没有达到过1200万之多。咱不苛求，毕竟冯玉祥也不是这方面的专家学者，他的描述一方面道听途说者有之；另一方面也一定会深深地打上自己的立场，细节就不必较真儿。有一点可以肯定的是，清人为了对付蒙古（准噶尔就是蒙古一部），那是动了一番脑筋的。用宗教的手段去和平地限制蒙古的人口，而后又通过人口的减少自然地削弱其势力，我个人感觉，这个主意应该是某位或某几位深谙文化之道的汉臣设计出来的。按照清朝军人的思路就是一把杀光，就像他们彻底剿灭准噶尔部那样。

有一点冯玉祥生前没来得及看到的状况就是，在后来独立出来的蒙古国中，蒙古国人就教育他们的后代说，中国人在过去一两百年间所采取的文化宗教政策就是要灭绝他们的种族。在他们眼中，满人与汉人是没有分别的，都是中国人。这也许正是中国人在蒙古国到处都能感觉到当地人的敌意的原因之一吧。在那样的教育下，还能指望人家能对你有什么好的脸色？

这个世界上没有无缘无故的爱，也没有无缘无故的恨。不把爱恨扯平了，咋能真正谈感情？

放下屠刀，立地成佛，这是当年康熙和乾隆的思路。大清的那些皇帝一边把精神文明送到草原，一边就消除了冷兵器时代打仗最牛的民族之一的威胁。而所谓"明修长城清建庙"，说的就是明清两代不同的对蒙政策。明朝修长城，搞武力对抗；清朝建庙，搞和谐共处。

历史就是历史，我们可以从过去的荣光中获取动力与力量，但还是要以现实为基础。如果每个国家都以自己曾经达到过的最大疆域作为今天领土诉求的依据，那么这个世界就会完全乱套。今天的领土，是今天实力的体现。

赛音山达寺庙小喇嘛

实力强的时候，你的国土会膨胀一些，实力弱的时候，就会收缩一些。涨涨落落，这在地缘政治上是一件再正常不过的事情。一句话，发展才是硬道理。在国际政治舞台上，有了实力，不是你的也是你的；没有实力，天天跟怨妇一样念叨，又有什么用呢？

第10章

难道多一条枪就会多一分恐怖吗？

赛音山达太小，真是不经逛，几下就走完了。然后，沿着蒙古国的那条交通干线驾车南下，直驱扎门乌德。

在驾车进入蒙古国边境的通道时，被几个穿着便衣、不知是干什么的蒙古国人拦住收取海关门票。

"你们是什么部门的，就要收费？"我问。

他们中一个满脸胡须的男子用十分别扭的汉语蛮横地说："你管我们是干什么的？中国车过路，就要收门票。交钱，每车150元人民币！"

"可是，我们是回中国的车，为何也要交费？"

"不交费你就不能回中国！"

蒙古国整个国家的收入主要就靠出售地底下的资源，当地人正经活儿不会干，但想钱的那劲儿一点儿也不差。正常地通过一个国家的边防检查居然还要被收门票，饶是我去过70多个国家，并在其中50多个国家开车自驾，却也是闻所未闻，从没见过如此章法。不过，转念一想，也可理解。现

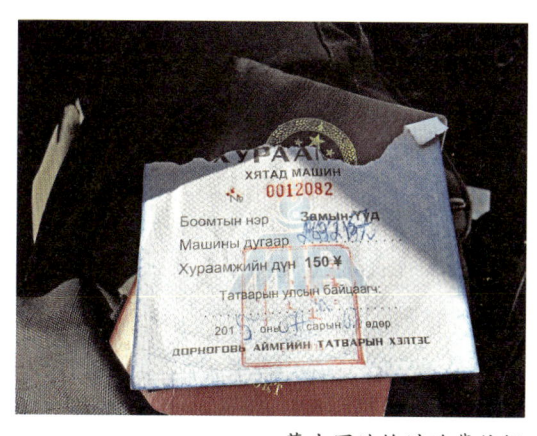

蒙古国边检过路费收据

扎门乌德的银行

在国际上整个经济状况不好，大宗原料商品价格下降，甚至腰斩。靠出口资源为生的蒙古国，日子肯定不好过了，只能穷横。在这个国家，规则这个东西是灵活的、可变的。就像我们多次在报道中看到的那样，蒙古国在矿业开发中，先是吸引中方在较低价位投资其矿产，后来一看矿物价格上涨，大有钱赚，就立马逼着中国投资方原价退出。这类事情在蒙古国时有发生，又何来规则可言？

那天，离开赛音山达回到扎门乌德之后，因为其他人的原因，还发生了一些奇怪的事情。不过，我在本书中不会对此做出任何解释。当然，若有缘在私人场合把酒言欢，我倒是可以有选择性地给您讲几个高潮迭起的蒙古国故事来佐酒。

当时的感觉，我就像一个大时代中的小人物，或大海中的一滴小水珠，被卷入某些过程中去了。这其中有一些故事很精彩，跌宕起伏；而另有一些事则是不足为外人道，在任何情况下也不能说。用最不违反纪律、最不犯错误、最简单、最不影响他人的话语来表达，那个离奇的过程大致是这样的：由于某种与我无关的原因，阴错阳差地，我就遭到蒙古国边防军羁押。负责看守我的那个军人，就是前几天我们进蒙古国时帮我们填写入境单且在中国上过学的蒙古国小战士，因为他会说一点儿中文。然后领事馆出面，将我接出。

　　由于此事，我"有幸"被两个凶神恶煞的蒙古国军人带进蒙古国边防军的办公室待了两三个小时。在那里，一个彪悍的蒙古国少校带着一群有着明显敌意的蒙古国军人不断地问着我诸如"你叫什么名字""你来蒙古国的目的是什么""你在蒙古国都干了什么"之类的问题。在进去之前，我其实也没料到情势会如此紧张。在那一瞬间，慌乱是没有用的，第一反应当然是赶紧通知组织。就算天马上要塌下来，咱也得把这塌天的信息传递出去。所幸他们仅仅是边防军，而不是专业的国家安全部门，经验不足，才让我有机会传递消息。就在我迅速地、偷偷地发出短信之后的那一刻，被他们发现，然后手机就被收缴扣留了。他们通过会中文的小战士问我："在发什么短信？"

　　我坦然地说："我刚汇报了，我在你们这里。"

　　然后他们就将我的手机摆在长官面前的桌子上，一群脑袋围在一起，通过那个会中文的小战士的翻译，确认了我所言非虚。那天，在蒙古国边防军办公室的时候，虽然蒙古国军人态度极其粗暴、敌对，却没有发生任何身体上的伤害，也许就是因为他们知道我发出了求救短信吧。

　　那么你一定很好奇，他们对我，或者说对中国人的这个敌意有多大呢？如果我简单地告诉你，一个国家的边防军逮住了他们心中的"敌国"的间谍或偷渡者之时，他们持有一种何等凶神恶煞的态度，你无法得到直观的感受。当然，你可以从看过的电影中去想象那是一种什么样的场景，譬如说一群荷枪实弹的军人围着一个疑似间谍的平民，用枪指着他的脑袋，就差下手毒打了。那个奉长官之命看守我的小战士在执行命令的过程中一直绷着脸，与几天前他帮助我时判若两人。有几分钟，他单独与我在一起，我试图和他打个招呼，回忆一下几天前我入境时他帮助过我的情形。他立即声色俱厉地呵斥我："闭嘴！不许说话！"那一刻，他稚嫩的脸因紧张、愤怒或别的什么情绪而扭曲。

扎门乌德街景

在蒙古国有关当局决定放我出来之后，等待领事馆来接我的那会儿，那个小战士似乎觉得我俩的关系又恢复到了此前那种正常的交往水准上，才又恢复了几天前那清纯无邪的笑容，笑嘻嘻问我："你刚才怕不怕？"

我问："要换你，你怕不怕呀？"

他立即就说："我肯定怕！那么多枪，那么多军人！"

我不由莞尔，说："如果你手无寸铁，那么比着你脑袋的是一条枪或100条枪，又有什么区别呢？难道多一条枪就会多一分恐怖吗？"

也许这话稍微难了一点儿，他显出茫然的表情，摇摇头表示不明白我在说什么。于是，我耐心地跟他解释道："你们没有一进去就搜掉我手机啊，所以，你们不是看到我手机上发出去的短信了吗？我已经向组织汇报了这事儿，所以我就不怕了，因为我确信领事馆很快就会来接我的。"

后来，回到国内，在二连浩特海关给我的ATA单证册盖回国入境章时，听海关那位古道热肠的小W说，我在蒙古国路上看到的那支吉A牌照的车队，也是从二连浩特出去的。他们在北上的路上被蒙古国警察拦下，然后在被勒索了钱财之后才放行。他们那个车队最远都走到乌兰巴托的边上了，在公路出口的收费站再次被拦截下来，不得不原路返回。

由于过境蒙古国去往俄罗斯没有成功，我不得不绕行满洲里进入俄罗斯，时间上就耽误了一周左右。这便使得我在后来的亚欧大陆行程中，不得不取

扎门乌德雕塑

消了前往克里米亚半岛的计划。当时,我从伊朗归来,已经驾车北上穿过外高加索的亚美尼亚和格鲁吉亚两国,然后到达俄罗斯黑海岸边的重镇、紧挨着克里米亚的顿河畔的罗斯托夫。在罗斯托夫停留的那两天,由于时间所限,我必须在克里米亚半岛和俄罗斯北冰洋岸边的不冻军港——摩尔曼斯克之间做出选择。犹豫再三,最终还是决定放弃与罗斯托夫近在咫尺的克里米亚,而将有限的时间用于前往摩尔曼斯克。

很遗憾,不是吗?

但也无话可说,愿赌服输,谁让咱蒙古国过境之行没有成功呢?

下部

西边伊朗

A Fascinating Adventure
In Mongolia and Iran

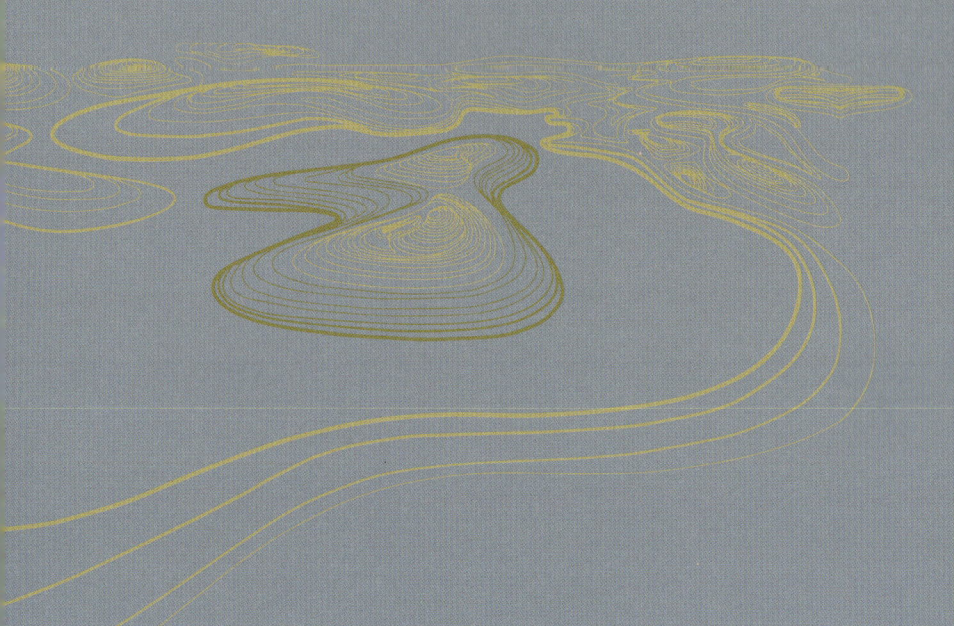

第11章

边境上，掮客贾巴歪嘴儿怪笑

进入伊朗之前的那个晚上，住在坐落于高加索山脉以南的阿塞拜疆共和国南方小城兰卡兰（Lənkəran）的一家度假酒店里。酒店的花园边上，近在咫尺的地方，就是世界上最大的咸水湖里海。

这一天正值中国的农历六月十五。夜幕降临，仰天遥望，凝眸远空，一轮明月幽幽地悬于风平浪静的里海之上，孤高朗照，清光挥洒。在月朗星稀之夜，难舍的乡愁，忧伤的离绪，唯美的惆怅，孤寂的遐思，如水银泻地，悄然无声，却又无孔不入。千百年来，不少人总是在这种无尽凄美的意韵之中体察人生百味。

翌日一早，夏日的阳光给阿塞拜疆南方那延绵的山地森林洒上了一层金黄。当地牧民身着独特的民族服装，赶着牛、羊，在晨辉之中逶迤而行，营造出了一种如梦似幻的氛围。山林草场就像平铺的绿色画卷，碧色连天，雄浑壮美，风光无限。凝望这一切，经过一夜封存的思维便会从干涸之中慢慢复苏，一些如感动、梦想、归宿之类的词汇又从脑海中那产生了丰富想象力的泉眼中汩汩冒出。虽然只在阿塞拜疆逗留了短短的几日，见闻肤浅，但也深感炫目光彩，风情浓烈。在这高加索山脉以南的土地上，那些曾经在史书中频繁出没的地方，全都被活生生地呈现在优美的自然风光和浓郁的文化氤氲之中。

2015年7月31日清晨，从酒店驱车20多千米来到位于里海西岸的阿塞拜疆共和国南方边境口岸小城阿斯塔拉（Astara）的边检关口外，我被路边的

阿塞拜疆的"二战"烈士墓

一座烈士纪念墓吸引住了。这座修建于苏联时代的烈士墓树木葱郁，干净整洁，看起来维护得相当不错。独立之前的阿塞拜疆属于苏联，在第二次世界大战期间，这里的青年也大量参加苏联红军，奔赴前线。他们抛头颅、洒热血，为世界反法西斯斗争做出了重要贡献。如今，烈士们静静地长眠于斯。

可惜，英雄已逝，而江山不再。

一番唏嘘与感慨，我驾车进入阿塞拜疆海关，被各种官员支使着，在炎炎烈日下于边检和海关大院各个窗口之间跑来跑去办手续。等到阿塞拜疆边境各环节官员慢悠悠地把我所需的一切程序搞好，已经差不多过了快两个小时。

然后，跟着大卡车，排着队，顺着公路，慢悠悠地驶过一座小桥，小河的对岸就是伊朗伊斯兰共和国。

从阿塞拜疆共和国进入伊朗伊斯兰共和国这一天，骄阳似火，室外气温起码在50℃以上。

在伊朗的边检入口处等待的时候，一群伊朗男子围了过来，你一言我一句，当即就把我吵晕了，以至于我不得不在伊朗的国境线上黯然喟叹——波斯男人咋那么咋呼呢？还能不能让我在进入你们这个伟大的国度之际，安安静静地做一个美男子？

他们用自己的行动表示：不行！不过，这也并非完全不好。当我拿着护照和汽车手续准备到伊朗有关部门办理时，那群叽叽喳喳的男人簇拥着我，径直就来到一个窗口。把护照递进去，几分钟后，"咔嚓"一下，伊朗边检官员就给我盖上了伊朗的入境章。这意味着，从现在开始，我可以合法地进入这个国家了。

伊朗与阿塞拜疆之间的界桥

伊朗阿斯塔拉边检关卡，车窗上的裂缝是在俄罗斯被大货车飞溅的石子所砸

但是，还有一个更重要的事情未办！

不卖关子，我不说您也知道，那就是我的车子还没有拿到合法的入境手续。咱不能人自个儿跑进去了，把车扔了不是？

今天，我仍然清晰地记得，当时我就站在伊朗边检那幢小房子墙根下的阴影处，身边是七八个唾沫横飞的波斯男子。他们的脸上几乎都正在蓄着胡子，或者刚刚收割过胡子，留下一片片青幽幽的胡子基座，我很难准确地判断出他们的年龄。

既然他们围过来,那么我一走了之是不科学的。至少咱得听听人家说什么不是吗?于是,经过甄别,决定重点和他们中间一个英文说得最好的兄弟沟通。

然后,就认识了图片中的这两位。

镜头前正在低头看资料的这位叫Jabaritaemeh(贾巴利塔埃姆),就简称他为贾巴吧——他的模样看起来有没有一点儿奥斯卡影帝尼古拉斯·凯奇的感觉?贾巴曾经在伊朗海军陆战队服役,退役后进

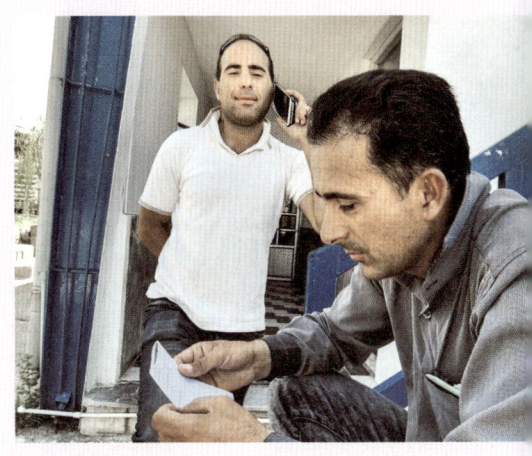

贾巴(右)与阿里

入大学英语系读书,毕业后当了几年中学英文老师;现在基本上就是在边境上厮混。按他的话来说,就是做一些边境贸易相关的工作。而在我看来,他就是一个帮出入境的车辆(这地方游客极少,主要是货车)做相关的海关手续的掮客。

图中后面正在打电话的那位,是贾巴的小伙伴和小跟班,必要时也许还可以充当打手什么的。和贾巴相比,他的英语基本上就算是不入流了。但他仍然结结巴巴地告诉我,他与伊朗曾经的一个著名足球球星同名,叫阿里(Ali)。

在伊朗与阿塞拜疆之间的这个口岸,有一个有趣的现象,那就是边境两边分属两个国家的口岸小城都叫同一个名字阿斯塔拉。从阿塞拜疆一条通道过来,进入伊朗,道路左边是边检站,负责给入境人员的护照敲章;而右边的小房子,就是海关的登记处。

我决定先试一下,看是否可以自己去完成汽车入境伊朗所需的手续,如果行就可以不去与那些油滑的掮客打交道了。于是,开始试着用英文与伊朗边境的各位官员沟通交流,结果很是令人沮丧。他们中间,竟无一人能够用英文完整地表达出自己的意思,其英语水平,也就只是达到了问个好(hello)、告个别(bye bye)、道个歉(sorry)、致个谢(thank you)的级别而已。

	0	1	2	3	4	5	6	7	8	9
Arabic	٠	١	٢	٣	٤	٥	٦	٧	٨	٩
Persian	٠	١	٢	٣	۴	۵	۶	٧	٨	۹

全世界通用的阿拉伯数字、正宗阿拉伯数字、波斯数字

然而，恼火的还不是边境的官员们不能说英文，而是他们颁发给车主的所有文件都是用波斯文字写成！不过，这都还不是最要命的。最惨无人道的是，他们的文件、单据和证书上的数字全部都是用波斯文字写成！我说他们的数字都用波斯文字写成，可能您还没有什么印象。看看上面那张图吧，我们所谓的阿拉伯数字，和阿拉伯有关系吗？和波斯有关系吗？

这下您理解了，我为什么必须要选择和英文很好的贾巴打交道了吧？

等我在伊朗边境挨着询问一圈回来，贾巴依着墙根，双手抱胸，脸上带着尼古拉斯·凯奇的那种玩世不恭的歪嘴儿怪笑，说："哥（他真的就是叫我brother），不用担心，有我在，什么问题都能给你解决了！"

人在屋檐下，不能不低头。这时，除了仰天大笑以掩饰自己被人拿捏住了之后的恼火和尴尬之外，我还能怎么办呢？

贾巴倒也不计较我那稍带不悦的反应，说："今天是7月31日星期五，按伊朗的规矩，所有机关包括海关都不上班，你办不了事。这样吧，我先帮你找一个酒店住下，明天我再带你来办。"

"星期五不上班？有没有搞错！这一天全世界都要上班哦？"

贾巴大笑道："我们伊朗和全世界不一样，我们的周末在周四和周五。"

是这样？看来，我这真是到了一个极具个性的国度，在这里会发生一些什么呢？我带着一丝担忧问贾巴："那么，汽车进入伊朗，都要一些什么手续呢？"

贾巴认真地解释道："按伊朗律例，你必须要找一家伊朗公司拿出你的车价50%的押金来为你担保，保证你把车怎么开进来的就怎么开出去，而不会把车走私到伊朗。不用担心，有我在，这个事儿，简单。"

一听贾巴此话，我心中立即便泛起怪怪的感觉。据说，国内某个机构为

了怕中国人把汽车走私到外国去损害了别国的经济，才不得不收自己人的押金，这活脱脱就是演的一个国际主义战士的戏啊！实际上这笔担保押金就算要收，也该对方国家（譬如此刻我正打算驾车进入的伊朗）来收，因为怕走私的是走私输入国，而不是走私输出国。那个谁，您要真有本事把中国的高价汽车卖到外国去，您就是拯救和复兴中国经济的英雄啊！国家应该给您发奖章、奖金，而不是收您的押金。

听了他的话，我不由得有些郁闷。不过郁闷归郁闷，还得办正事儿。我又问："那么，除了押金之外，你本人的服务费是多少呢？"

"我一分钱都不要你的，但担保公司会收你一点点钱，放心，不贵，你支付得起。"

一听他这话，我立马就特不踏实，就好像一下子踩到了棉花上面，深一脚浅一脚。于是我说："真的吗，你不要钱？贾巴兄弟你太好了！"

他仰头大笑，张开双臂，靠近过来，似乎准备和我来一个波斯式的兄弟熊抱。我赶紧一个箭步闪开，这种礼仪俺们中国人不习惯，还是免了吧。

这个时候，我能想到的唯一办法就是给中国驻伊朗大使馆打电话了。把眼前的事儿给大使馆做一个汇报，顺便也听听他们的建议。几分钟后，就与中国驻伊朗大使馆的一位男性官员通上了话。电话中，我首先确认了贾巴没有说谎，伊朗的周末确实与世界主流不同，他们是周四、周五两天休息，周六、周日继续上班。

而关于中国牌照的汽车进入伊朗，大使馆官员说，并没听说过外国车进入伊朗需要什么特别的海关手续，当然，也可能确实需要，但他们不知道。他建议，让我把电话给贾巴和阿里，他们直接交流来了解一下。

此刻，正好贾巴上厕所去了，我只好把电话给了阿里。前面我说过阿里在必要时会充当贾巴的打手吗？这下就有答案了。阿里越说越激动，竟然冲着电话挥手振臂、大吼大叫起来。毫无疑问，这是一个狂暴、粗鲁的家伙。

等他说完，我接过电话，那边的大使馆官员说："听刚才那位伊朗人介绍，似乎确实有这么一个规矩。我也不太明白，你们要小心判断，千万不要惹出什么事！"

收了线，我和阿里面面相觑。作为当事者，我当然不愿意出什么事儿，我当然很讨厌给祖国添任何麻烦。但有些事情，那是我能把控的吗？

不一会儿贾巴回来。听阿里一说，贾巴问我："刚才电话那边的是伊朗人？"

我说："是中国大使馆的官员。"

贾巴恍然大悟，说："哦，难怪，对方说话那么不客气，阿里还以为他是伊朗人呢。"

"哈哈，他以为对方是伊奸？"嘴上这么应付着，我的心中因为咱们使馆官员对阿里的那种态度，竟忽然体味到了一丝快感，贾巴你这个家伙要知道，你哥我背后也是有人的！

那么，现在可以确定了，外国车辆进入伊朗，确实需要办理一定的海关手续。其实这个信息此前我在Facebook、Twitter等上面也都看到过，此番亲自查验，应无异议了。关键是费用几何。

于是我又问贾巴："这样吧，如果要找你办理车辆入境手续的话，一共要多少钱，你先说说？"

贾巴说："不贵，应该在几百到几千美元之间。"

"喂，你要这么不负责任的话，那我找别的人做了？什么叫几百到几千之间？咱们中国人做生意，从来都是先说断、后不乱，你给个准数。"

贾巴歪嘴儿大笑，回答道："好吧好吧，不开玩笑了。既然咱们现在是朋友了，那就在300美元左右吧。"

我做出马上就要走开去找别的掮客的样子，问："这个价格也包含你的佣金？"

他跨前一步，拦住我的去路，肯定地说："是的！全部就这么多，出入不会太大。"

听他这么一说，我心里估摸一下，就算出入较大，翻一番吧，也不过就600美元。虽然贵，但至少还是在可控的范围内。

于是，成交！

我又问："你们是什么身份，给一个身份证明让我看看？"

贾巴冲阿里咕哝一句，然后阿里就掏出一张类似于身份工牌卡的东西给我看。据说，有了这个卡，他们就可以在海关代理进出境业务了。难怪，刚才我问海关人员，他们都不懂英文。敢情，就算懂也会装不懂，以便把业务交给这些掮客，然后官方人员便可从中渔利了。这种狼狈为奸的搞法，在国内屡见不鲜。

这一天，由于没法儿办理汽车进入伊朗的手续，贾巴告诉我，我的车子就只能停在阿斯塔拉的海关大院里面。明早过来办好手续之后，才能把车开出去。

贾巴心思缜密，看我对停车于海关大院这事儿比较担心，就拉着我来到大院门口，先用波斯语与大门保安谈笑风生地唧唧呱呱聊了一阵天儿，显示了他们之间熟识的关系之后，扭头对我说："这位先生是守卫这里的警察。有他守着，闲杂人等进不来，你不用担心你的车——更何况这里还停有好多货车，你放心好了。"

虽然我不懂波斯语，但从这位门卫的胸牌和服装上，还是可以判断出来，虽然他并非警察，但确实是海关安保。不管如何，此刻至少我可以相信，贾巴说这里停车安全，所言不虚。

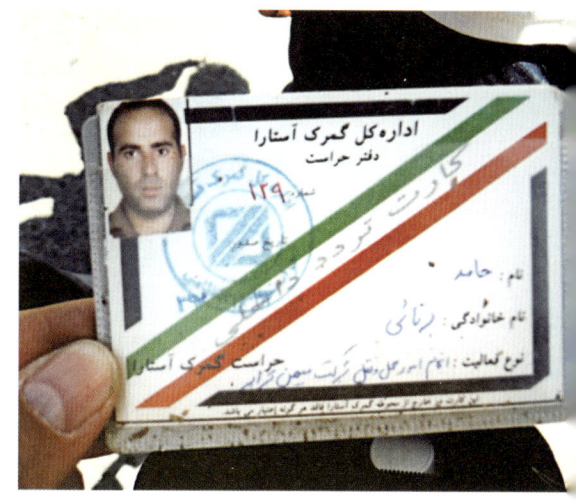

阿里的工作牌

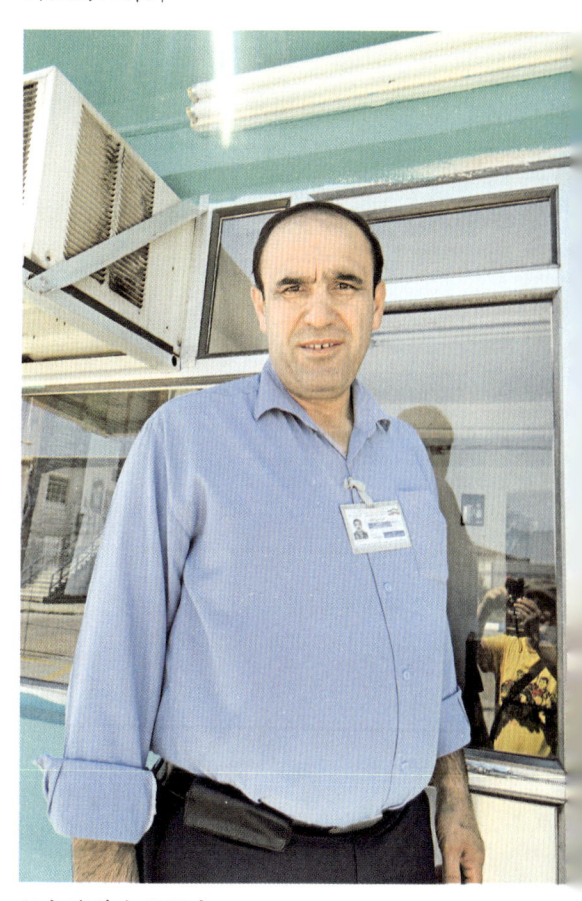

伊朗海关大院保安

既然 2015 年 7 月 31 日这一天我的车走不出伊朗海关了，那就只能待在伊朗这个边境小城阿斯塔拉住一晚，明早再过来办理手续。

据贾巴说，他有一个朋友开的宾馆，特别好，位置就在海关大门外面，价格也合理。也好，既然这么说，那就不妨去看看。等到了那里一瞧，居然也敢说特别好？那就是一个极其普通的家庭宾馆，三四张床一间屋，看起来还不怎么干净。

算了，还是我们自己找吧。

正准备离去，贾巴又打电话叫来了出租车，说让出租车司机送我们去城里找酒店，车费 5 美元。在这个时候，我的车被迫停在伊朗海关大院里出不来，只能坐出租车。车价肯定是贵了一点儿，但也无可奈何。在这个时刻，我们手上还没来得及换伊朗当地货币，除了美元，还剩了一点点阿塞拜疆货币，不过伊朗人不要。

在上出租车之前，叫住准备离去的贾巴，让他给我用波斯文字写了一个"海关停车场大院门口"的字条。我的想法是，明早从酒店叫出租车送我回来时，如果司机不能说英文（这个概率极大），就可以把写有目的地的字条给他看。

在叙述伊朗的这一部分，我老是在伊朗、波斯这两个词之间转来换去的，似乎有必要厘清一下两者之间的关系。波斯是伊朗在欧洲的古希腊语和拉丁语的旧称译音，历史上在西亚、中亚、南亚地区曾建立过多个帝国。最简单的说法，波斯就是伊朗的古名称。

出租车司机　　　　　　　　　　阿斯塔拉街景

第 12 章

边境小城阿斯塔拉，初识伊朗

边境上的伊朗小城阿斯塔拉有多大呢？你在城东头打个喷嚏，城西头的人都得要捂鼻子。一脸憨厚的出租车司机一句英文也听不懂，不管我对他说什么，他只是笑眯眯地点头，然后按他的意思把那破旧的、没有空调的车子在这个小城里开得飞快。他能为我们找到什么样的酒店呢？

庭院酒店

须臾，就进了一个庭院。里面是一家酒店，看起来还不错。下车进去一问，标间房价 120 美元，折合人民币在 800 元左右。

那就讲价吧，好在酒店的大堂经理会说英语。40 美元行不行？50？60？什么，绝对不降价？那算了，我走。我拉着朋友转身离开。按照中国的桥段，原本以为这会儿大堂经理应该会在后面叫住我，然后降价的，谁知他却在我身后乐呵呵地大声说道："See you later（待会儿见）！"

我回头，也笑眯眯地看着大堂经理。他补充道："这是本城最好的酒店，你肯定会回来的。See you later！"

这么一说，那就真的算了。本来并没真打算离开的，作势要去，只是一种人民群众喜闻乐见的讲价策略而已，岂料却让人家窥破底牌。在这种情势下，再怎么也不能让人家吃定了咱们不是？这次和刚才在海关里面不一样，在海关我没有选择只能找贾巴做事；而在这里，我就不信整个阿斯塔拉就你一家酒店。

离开那家据称是全城最好的庭院酒店，出来上车，用肢体语言告诉司机，到城里去另外找一家。然后，我们就开始在热烘烘的阿斯塔拉城内穿行。这是一座原汁原味的伊朗城镇。在这个地方，极少有除了阿塞拜疆人之外的外国人；而从阿塞拜疆开车进入该城的中国人，据贾巴说，我这车应该算是第一拨儿。

众所周知，美国以伊朗进行大规模杀伤性武器的研制为名，联合多个国家进行干涉，最后在联合国通过了对伊朗的制裁。但是，最近对伊朗的制裁已经部分松动。国际社会全面解除对伊朗的制裁，似乎也为期不远。

制裁是什么意思？制裁意味着，在漫长的制裁期内，伊朗赖以支撑其经济的石油无法销往国际市场。你有资源有什么用？如果资源不能进行流通、不能变现、不能交换，那么资源就几乎没有用处——总不能吃石油、穿石油、用石油吧。对于伊朗这种具

摩托车与伊朗人

有初步工业基础的国家来说，要发展，需要具备的条件很多。但启动资金无疑就是其中最重要、也是最难得的要素之一。在制裁中，石油不能换取外汇，国外投资不能进入伊朗，那么所谓发展，就只能是空中楼阁而已。从马路上跑着的汽车就能看到，伊朗的经济发展明显滞后。街上小车以法国雷诺和伊朗国产车为主，几乎都是20年之前的老款。

在20世纪，全世界新晋的工业国家只有两个，一为中国，一为韩国。中国与韩国发展起来的重要原因之一，除了具有东亚儒家文化圈的底蕴、智商、勤劳之外，还有两个因素，一个是有国际市场，另一个就是有外来资金。这两个条件，恰恰都是美国不愿意给伊朗的，因此也正是伊朗所缺乏的。

街头骑士

东边蒙古，西边伊朗

边境小城阿斯塔拉的街头看起来似乎并不特别保守，尽管天气酷热，人们仍是一派悠闲。马路上，竟然还能看到老子骑着马带儿子上街玩的画面，游牧本色尽显。而当地的伊朗妇女虽然也戴头巾，但宗教禁忌相对于保守的阿拉伯国家来说，似乎没有那么严格。

众所周知，中东地区伊斯兰教有两个主要派别，即什叶派和逊尼派。其中，什叶派为穆斯林中的少数派。而伊朗就是什叶派的穆斯林国家。伊朗90%的人口是什叶派，其余10%包括逊尼派、拜火教、基督教和犹太教等。

它们的分布大致是这样的：从地盘和人口上看，逊尼派是主流，南边的沙特阿拉伯坐拥麦加圣城，又保有海量的石油，是公认的伊斯兰世界逊尼派的领头羊；而北边的土耳其人在其巅峰时期，曾建立了横跨亚欧非三洲的奥斯曼土耳其帝国，成为那个时代伊斯兰世界无可争议的龙头老大，它也是逊尼派。而什叶派则相对要弱势许多，主要分布在伊朗、伊拉克、叙利亚三国，此外，阿塞拜疆、也门、阿富汗境内亦有少量的什叶派。最近俄罗斯在叙利亚大打出手，据说目的之一就是要在中东地区建立与俄罗斯结盟或者至少是友好的什叶派新月地带。所谓什叶派新月地带，指的就是伊朗、伊拉克、叙利亚这三个中东什叶派国家。这三国在地理上连为一体，呈新月状。

可是，根据国际上认可的官方统计，叙利亚的人口中，逊尼派占大多数，为什么却将叙利亚归于什叶派国家之列呢？

不错，在叙利亚，逊尼派占人口多数，但政权却落在了属于什叶派的阿拉维系阿萨德家族手上。由于该国什叶派属于人口少数群体，叙利亚便成为"什叶派新月"链条上最薄弱的环节。同时，也就可以理解，为什么同为什叶派的伊朗会热衷于支援叙利亚政府，而为什么逊尼派的领头羊沙特阿拉伯会成为叙利亚逊尼派反对派的幕后支撑。

在中东地区，有四个主要的民族，即阿拉伯、突厥、波斯、库尔德。阿拉伯人建立的国家有一大帮，不用多说；突厥人的主要国家有土耳其和阿塞拜疆；波斯人的国家是伊朗；而拥有4000万人口的库尔德人却主要居住在土耳其、伊拉克、叙利亚、伊朗四国，他们没有自己的独立国家。从地图上可

库尔德人分布示意图

以看到，一旦库尔德人独立，损失最大的是土耳其。这个话题，咱们回头再接着说，此处先按下不表。

走走玩玩，出租车司机就把我们拉到了城内一栋大楼前停下。这是一家专为当地人开的酒店。进了大堂一问，房价 37 美元。条件肯定比先前看的那个庭院酒店要差。不过，咱不是憋着一口气，绝不让前面那家酒店吃定咱们吗？现在就只能选择住这里了，好歹就只有一个晚上。

那么，在伊朗住酒店，最重要的要求是什么？

空调！否则在那极度的高温中，根本无法入睡。伊朗的夏天极热，据主流媒体报道，2015 年的最高温就出现在当年夏天的伊朗某城。据说，在高温期间，当地还热死了若干人。

不过，比较麻烦的是，即便是慢得如蜗牛一般的 WiFi，也只能在大堂才

我当晚投宿的酒店

能连接，房间里没有信号。言及伊朗的网络，首先是网络硬件不好，网速慢；其次，伊朗屏蔽了很多国外网站，甚至当我希望上中国的门户网站看看新闻，也会被伊朗网络给转接到一个全是波斯文字的网站上去。

就在本书写作的时候，从新闻中看到，伊朗取消了网禁。

中国的微信前几年原本已经在伊朗流行开来，但大致在2015年上半年，伊朗开始屏蔽微信了。说是屏蔽，也不准确。在伊朗，你可以看到微信的文字，但几乎不能打开图片。在伊朗期间，我的一条微信朋友圈图文信息，居然发了四天才显示出来……

酒店前台上，摆放着伊朗国旗，后面墙上是伊朗宗教领袖霍梅尼和哈梅内伊的照片。前台的小伙子会说一点点英文，非常热情。听说有中国客人来到，原本待在后面的经理也出来了。他的英文大致相当于我们初三学生的水平，勉强可以交流。而他也竭力要和我交流，结果就是弄得大家都很累。须臾，从后面又冲出一位大姐来，跑到前台来装模作样地擦擦桌面、摆放一下纸张笔墨什么的。也好，既然大姐您对咱们好奇，那我就给您拍一张。面对我的镜头，大姐欣然同意，咧嘴而笑。结果反而让她脸上的肉堆积起来了，其实她看起来年龄没那么大的。

办理入住之后，第一件事就是请酒店帮忙叫一个外汇贩子过来。在伊朗，咱得换伊朗当地货币不是？

十多分钟后，这个外汇贩子就来了。一边和他闲聊，一边就拍下他的照片。这不是因为他长得帅，主要是担心万一换了假币，被当地警察逮住，咱至少能够把提供假币给我的人的照片给警察看，一是证明自己清白，二来好歹也算提供了一条破案线

酒店前台小伙子

酒店经理

酒店大姐

索不是？害人之心不可有，防人之心不可无，这是我多年浪迹海外总结出来的一种自我保护措施。

那一天，伊朗货币里亚尔（Rial）与美元的黑市兑换比率是 32500：1。折算成人民币，那就是 1 元人民币 =5200 里亚尔。伊朗货币里亚尔也是我见过的制作最粗劣的货币之一。说实话，写下这一句话的时候，我在考虑是否删除"之一"二字。不夸张地说，伊朗里亚尔那软乎乎的纸张、模模糊糊的印刷，就跟直接用笔在普通纸页上画出来似的。被制裁的伊朗经历着惊心动魄的通货膨胀。据说，最严重的时候，上午你拿着能买 1000 克面粉的钱，因为某事耽误了，下午再去的时候，就只能买 800 克面粉了。

住下之后，肚子马上就开始嘀嘀咕咕闹了起来。也难怪，一阵忙碌下来，现在已经是下午两点多了，该找地方吃饭了。说到伊朗的时间，也算是一个奇葩。它分夏令时和冬令时，这倒没什么，很正常的安排。只不过，它的时间与其他主流国家时差一般都是以小时为单位不同，它是以半小时为单位。夏天伊朗比北京时间晚三个半小时，冬天晚四个半小时。

外汇贩子　　　　　　　　　　　伊朗货币里亚尔

除了时间，它的车牌也是一个异端，竟然全部使用波斯数字，而非国际通用的阿拉伯数字。当然，从0到9这十个数字的波斯文，我在一天之后就基本弄清楚了，慢慢看过去，也能弄明白。但是，这种在伊朗国内遍地都是的波斯数字表达法，显然就是一个从潜意识中不欢迎外国人来的节奏。

伊朗车牌

酒店门外就是一条小街，餐馆不少。没走几步，就看到一个憨态可掬的店老板站在小饭馆门前招揽生意。既然如此，那就在这里吃。

点了一份很普通的客饭，就是烤肉、烤西红柿，外加白米饭顶上撒了几颗番红花水煮过的红黄色米粒。问了一下价格，老板说9000里亚尔。心中一折算，才值1.73元人民币？我的耳朵没问题吧，伊朗物价这么便宜？吃完结账，掏出一张10000里亚尔面值的纸币很大度地给老板说："不用找补了！"岂料老板不干，拿出纸与笔来，叽里咕噜一通解释，总算让我弄明白了到底是怎么回事儿。

原来，伊朗货币里亚尔面值太大，给人们生活造成了很多的不方便。虽然对这种经历着剧烈通货膨胀的国家也有一个好处，那就是孩子们从小就天然地得到了通过大额物价的计算锻炼和提高自己算术能力的机会，整个民族出数学家的概率会稍稍增大一点点，但是，很显然普通的伊朗人可不想当什么数学家。数字大了他们也嫌麻烦，所以在表述金额的时候，他们相约就少说一个零。譬如9万里亚尔，他只说9000。因此，那份客饭实际上卖价9万，折合17.3元人民币，这个价格还算正常。

小超市里面的东西，很多都是伊朗自己生产的。当然，也有不少中国廉价小商品。实事求是地说，最近三四十年间，由于国际社会对它的制裁与封锁，伊朗不得不关着门努力地发展了自己的一些工业门类。今天，在整个中东伊斯兰世界中，伊朗的工业基本上可以说是最强了，因此咱们国内就有一

阿斯塔拉的午餐

种判断，认为一旦制裁取消，假以时日，伊朗将会率先在伊斯兰世界中腾飞。但实际上它工业方面的这个强只是矮个子中的高个子，与真正的工业国家相比其实算不上什么。

关于伊朗的工业，实地考察之后，我的看法略有不同。认为只要西方国家解除制裁，伊朗就会腾飞的观点，那是经济学界冷冰冰的、死板的判断。没有制裁了，伊朗可以通过卖石油换得发展资金，并且伊斯兰世界的部分市场也会对它打开，最关键的是它的周边还没有什么竞争对手。说起来还是挺有道理的，但它没有考虑到人性。

我不研究经济，但我研究人性。我所承担的国家社科基金项目就是在文化的语境下研究精神分析学，或者说在精神分析学的视野下研究文化。对很多人来说当能够比较容易地获得收益的时候，通常就不会愿意去花费更大的力气。甚至当看到身边的人们普遍都活得比较轻松的时候，也会不由自主地懈怠下来。所以，在人们为伊朗设想的乐观前景里面，很少考虑到伊朗的民族性。民族性是由文化传承、历史渊源、民族记忆构建的，一旦形成，非常顽固，极难改变。

在封闭的状态下，伊朗人不得不埋头发展自己那点儿虽说微不足道、但却难能可贵的工业。不过只要伊朗打开国门，卖石油的钱来得容易了，加之外国价廉物美的商品蜂拥而至，在那种情势下，伊朗人的进取心还会剩下几何？伊朗的那些陈旧而落后的生产线面对国外的高科技冲击，还能幸存下来吗？也许，对伊朗来说，不打开国门，尚能自强不息；一旦打开国门，那点儿工业，将会很快就被国际资本吞食殆尽。

但愿伊朗的安拉能够保佑他们。

在后街的地方，阿斯塔拉小城是静谧的。街上有各种小型铺面，经营着古老的行当，譬如手工榨油什么的。没有现代化的超市，更看不到大型购物中心之类的。物质虽然相对比较匮乏，但当地人生活宁静，与世无争，倒也轻松。街头偶尔也会看到 ATM 柜机，但它们没有与国外联网，只能处理国内金融事务。像我们这样拿着外国信用卡、储蓄卡的人，是无法从伊朗的 ATM 上取现的，并且这里所有购物消费场所都不能刷卡。这就意味着，如果去伊朗，你就只能以最原始的方式带着现金去。

顺着酒店门前一条小街，穿过一个热闹的市场，前面就是里海岸边。夏日的下午，当地人在里海边上嬉戏游玩。人们以家庭为单位，坐在伊朗传统的坐榻之上，喝茶、吸水烟、吃水果点心等。但喝酒是不行的，伊斯兰教禁止任何酒精饮料。那种坐榻在伊朗相当普遍，在过去，人们睡觉、吃饭、闲聊都在上面。由于女性吸水烟有碍观瞻，伊朗政府曾经就颁布了一个命令，禁止女性在公共场所吸水烟。但仍然有一些女性会违反禁令，譬如我在阿斯塔拉的里海岸边休闲区就看到好几个。

这段时光里，我什么也不想干，就在伊朗小巷的阴凉处找了一个地方坐下，静静地观看来来往往的伊朗芸芸众生。

市井之间的伊朗普通市民

里海岸边

第 13 章

怎样开着中国牌照的小车进伊朗?

第二天，2015 年 8 月 1 日中国建军节，我在酒店吃了质量很一般的免费早餐。办理退房手续之后，叫了一辆出租车，把昨天贾巴用波斯文写给我的那张有海关停车大院地址的字条给司机一看，他就明白了。几分钟之后，出租车就把我们拉到了目的地。海关手续大厅就在大院的边上。

所谓阿斯塔拉口岸的伊朗海关大厅，其实就只有一幢不大的平房。一进去，右边是海关办公人员的柜台，左边靠墙是一排小长桌，每一个代办掮客在这条长桌下面都拥有一个专属于自己的小抽屉，用来存放办理各种手续所需的文件和材料。大家都待在室内，最重要的是因为只有在这个大厅里才开着空调。此刻虽然只是上午 9 点刚过，但室外气温已经达到了 40℃左右。

这个时候，贾巴还没来，只有阿里来与我们碰头。阿里的英文只有咱们初中一年级的水平，能说一些简单的短句和单词。他手舞足蹈地比画着告诉我说，事情已经进入程序，他们已经有人在办了。

闲来无事，就与阿里瞎侃。根据阿里掺杂了大量肢体语言的表述，他和贾巴一样，曾经也在伊朗军中服役，至于是什么军种，他就说不清楚了。阿里 31 岁，未婚；而贾巴 39 岁，已经是两个孩子的父亲了。

眼见着越说越亲近，我决定打断他的啰唆，伸出四个指头，笑嘻嘻地提了一个我感兴趣的问题："Can you marry 4 wives（你们可以娶四个老婆吗）？"

Wife 这个单词他是懂的，他旁若无人地哈哈大笑起来，伸出一个手指说："我们伊朗人，城市里面，就一个老婆！"

我耸耸肩，摇着头说："你们又不能喝酒，又只有一个老婆……"

"You, come Iran, I tell you a wife？（你来伊朗，我介绍一个老婆给你如何？瞧瞧，我的翻译比他的英语原文流畅得多）"阿里咧着嘴呵呵笑道。

我大笑道："只能一个老婆那就算了，不来！四个我才来。"

他一听，使劲地摇着头说："四个老婆，你要去农村，或者阿拉伯国家。我们是伊朗！"

看他一副认真的样子，我故意逗他道："还给我介绍？你都没结婚呢。"

一听我的揶揄，阿里不高兴了，立马打开手机，唰唰唰地把他和各色伊朗美女合影的照片翻给我看，以证明他不结婚，不是没本事泡妞儿，而是不愿意而已。

囿于语言，与阿里的聊天儿，信息量很小，且很不可靠。此前，我曾听说伊朗也可以娶四个老婆的，看来这个问题的答案要从讲英文极烂的阿里那里是没法儿得到了，他根本表达不了那么多复杂的意思。这个疑问，我就只能姑且先装在心里，回头有机会再去了解。

直到上午11点左右，贾巴才出现了。而这个时候，我们的手续仍然还没办理下来。在伊朗，一切都是慢悠悠的，这也是我不看好伊朗未来的一个重要原因。它缺乏现代化所需的那种朝气蓬勃的气质。看看东亚地区的中国、韩国，以及曾经的日本，要想在国民经济和科学技术上翻身，那得有多少的艰辛付出？这个世界，没有谁能够随随便便地成功。

根据贾巴的解释，需要有一家公司提供一笔押金来为我驾车进入伊朗担保，如果我将车在伊朗卖掉，这笔押金将被伊朗海关抵扣。这个道理我明白，也能理解。只不过在其他绝大多数国家的操作中，并不需要押金。如果你开着一辆车进入该国，他们就会在电脑系统中做下记录，并在你护照上盖一个印有一辆车模样的入境章。如果你出境时没有开着这辆车走，且又没有任何当地执法机关为你出具的书面证明，那就麻烦了，你不但走不掉，还很可能会被该国羁押。

很显然，贾巴并没有开着一家公司，他只是一个捎客。他从边境上找到像我这种需要帮助的人，揽下业务，再把这个业务交给一家专业的公司，然后他和阿里等从中抽取佣金。

那就只有在海关大厅里面等待了。各种手续，各种程序，还要等担保公司的押金划到海关账上，然后海关确认无误之后，才能放行。

左右无事，那就海阔天空地神侃。好在贾巴的英文很溜，基本上可以非常流利地表达他想要表达的任何事情。

我们所聊的那些儿童不宜的话题、政治不正确的话题，就不在这里转述了。见我们在聊天，旁边的伊朗人也凑了过来。其中有一个汉子，白白胖胖的，得知我是从中国来的，先是竖起大拇指冲我说："中国非常好！（China is good！）"然后，抬起头，目视前方某处，深情款款地又慢慢说道："Iran is very very very great（伊朗非常、非常、非常伟大）！"

我猜，当时我的表情应该是似笑非笑、皮笑肉不笑。很明显，他前半句说中国好，那是客气，那是敷衍我；后半句说伊朗伟大，才是正角。我很想告诉他，你之所以感觉伊朗非常、非常、非常伟大，那是因为你不知道外面的世界有多美好而已！但最终还是忍了下来。人们所相信的，并不一定是他看见的，而是他被洗脑、被忽悠的事情。而我显然没有对伊朗朋友进行洗脑和忽悠的资源和权力，所以我肯定无法用语言去说服他，就像我不能仅仅靠语言去说服那些与我观点不同的朋友一样。所以英国俗语说"没有一只耳朵是被说服的"，人们之所以接受你的观点，那是因为你的观点与他的政治立场、经济利益、个人阅历、社会背景、无意识欲望等因素中的某一点发生了契合而已。正因如此，我干脆就不试图去说服任何人。我只谈方法论，方法正确了，正确的结论自然可期。这个策略虽然迂回曲折，但却是最科学、最合理、最有效的途径之一。

在大厅等候的时候，无意中邂逅了两个罗马尼亚的年轻人，他们开着一辆某西班牙品牌的两厢小轿车从英国伦敦出发，穿过欧洲、俄罗斯、阿塞拜疆，由此进入伊朗，然后据说准备去往土库曼斯坦，最终穿过中亚，从新疆进入中国。这两位年轻人也委托了一位伊朗当地人在代办汽车入境手续。

哦？来自罗马尼亚？那就有话题了，这个国家我前几年在巴尔干地区游逛的时候去过，还算有一定的了解。而 2014 年夏天在澳大利亚悉尼邂逅的那个从罗马尼亚移民去澳大利亚的出租车司机亦给我留下了深刻印象，以至于在本书的第一章，我便从那位司机来开始我的叙述。而就罗马尼亚这个国家而言，1989年12月，罗马尼亚人民聚集在首都广场，当时的罗马尼亚领导人齐奥塞斯库下令开枪镇压。结果军队和人民站到了一起，齐奥塞斯库夫妇被人民处决。现如今的罗马尼亚，日子过得紧巴巴的，整个国家最出名的产品一是黑社会经济，一是色情业。

我们就那么等着。中午时分，海关要吃午餐，不办公。好不容易等他们用完了餐，才又接着慢悠悠地开工。然后，2015年8月1日伊朗时间14：00许，汽车入境伊朗的所有手续终于办好了！

看看吧，贾巴手上拿的入境手续有多厚一叠？七八页纸，上面满满地都是波斯文字和波斯数字。这个材料极其重要，我必须妥善保管，回头等我离开伊朗去往亚美尼亚的时候再交还给出境口岸的海关，然后才可将汽车驶离伊朗。

从左到右：阿里，笔者，贾巴，担保公司经理

手续办好,就到停车场去开车,在海关大门口的检查站查验无误之后,便可放行。艰辛的入关终于完成了。整个过程贾巴收取了我们300多美元,那里面也包含他的佣金。

那天,办妥了所有手续,与贾巴和阿里告别后,我开着一辆挂了中国牌照的小车离开边境小城阿斯塔拉,向南进入伊朗的腹地。这就算正式开始我们的伊朗伊斯兰共和国自驾游了。

从北方边境的阿斯塔拉驾车向东南方到首都德黑兰,大约500千米路程。一路上,伊朗的路牌,如果不配上英文,那就根本看不懂。不过凭着在几十个国家驾驶的经验,大致还是可以蒙一个明白,这说的是前方要经过村镇或别的什么,或者限速多少,等等。伊朗北部人口不少,但发展不算好。破旧的小村庄和小城镇比比皆是。所幸的是,伊朗的干线公路状况极好,堪比欧洲、美国、中国的公路体系,路标指示明确,却几乎不收费。这次整个伊朗驾驶下来,将近4000千米,一路上只交了不到30元人民币的过路费,基本上算是免费。象征性收取的过路费使得它的物流成本大幅下降。以中国改革开放以来走过的发展之路来看,要想富,先修路,少生孩子多种树。如是观之,伊朗这个首先抓好交通等基础建设的思路是对的。

伊朗的油价极为便宜,大致相当于1.9元人民币/升,如果你有当地人的加油卡,那更是可以便宜到大约1.3元人民币/升。这个价格,在我们长期享受高油价的人看来,那也基本上就相当于免费。伊朗有着储量极为丰富的石油,交通和资源这两个至关重要的硬件条件,它都具备。

伊朗的国土面积大约164万平方千米(对比一下,占中国1/6面积的新疆是166万平方千米),人口将近8000万。对于一个不算庞大的经济体来说,它的人口已经可以构成一个小小的市场规模了。对伊朗来说,要发展的话,似乎就只差资金一项了。而资金却受制于联合国的制裁,这个制裁是由美国主导的。

前面介绍过,伊朗是伊斯兰什叶派国家,而什叶派属于相对弱势的一派。言及于此,一个不可回避的问题就浮现了出来:当初伊朗人皈依伊斯兰教的时候,为何不皈依更为主流、强势的逊尼派,而偏偏要选择什叶派呢?

古典时代的波斯,信奉的是琐罗亚斯德教(英文为Zoroastrianism)。此教

行驶在伊朗的一个北方小镇

乃是基督教诞生之前中东最有影响的宗教，是古代波斯帝国的国教，也是中亚等地的宗教，是摩尼教之源。中国史称祆教、火祆教、拜火教。所谓拜火教，崇尚的是光明，火一般的光明。公元3世纪，以古代波斯的拜火教为主体，整合了基督教、佛教之中的一些思想，波斯人摩尼（Manes）创立了摩尼教，又称明教。其教义以拜火教之善、恶二元论为基础，将一切现象归纳为善与恶。善为光明，恶为黑暗，而光明必会战胜黑暗，人类若依宗教之真理与神之志向，终必走向光明、极乐之世界。故人当努力向善，以造成光明世界，明教之名由此而来。公元6世纪明教传入中国新疆地区，在宋、元时期进一步和中国本土文化结合，成为下层人民和江湖人士对抗朝廷的斗争形式。由于明教长期受到朝廷压抑，行事极为诡秘。比起一般的江湖人士，明教教徒面临着更大的压力，因此反抗朝廷也更坚决，在历史上几次掀起大的波澜。第一次是北宋末年，方腊利用摩尼教组织群众，举行了声势浩大的起义，震动东南半壁河山。第二次是南宋以后，明教和白莲教联合，在元末农民战争中充当了重要角色。元末农民大起义中的红巾军首领韩林儿又称"小明王",这个"明"便与明教有关。后来,朱元璋以明为名,建立了大明帝国。当然,中国的大明帝国已经与波斯拜火教不存在任何纠葛,只是名号而已。实际上,根据记载,朱元璋称帝后,下诏严禁明教与白莲社,并把取缔"左道邪术"写进《明律》之《礼律》,用法律形式固定下来。

回到伊朗,公元650年左右(中国唐朝时期),混乱而腐朽的波斯萨桑王朝迅速被新兴的伊斯兰教指引下的阿拉伯帝国击溃,从此波斯成为阿拉伯帝国的一部分。阿拉伯语成了通行的语言,伊斯兰教迅速取代拜火教,各地大量兴建清真寺。

山河破碎、国土沦丧的波斯人在屠刀之下不得不改宗伊斯兰。然而,哪怕是在这种情势下,曾经创造过伟大文明的波斯人也不愿意放弃自己的骄傲。为了与征服他们的阿拉伯主流相区别,他们选择了伊斯兰教中较为弱势的什叶派。其目的就是以这种相对独立的方式,尽可能多地保留自己的文化。

伊朗公路上指示清晰的路牌

第14章

速写德黑兰，何为政教合一？

伊朗的网络不能与世界上大部分的网站联通，包括那些国际著名的订房网。所以在伊朗找酒店，无法提前预订，只能是或者根据 Lonely Planet 上面的酒店信息，或者临时在街上向路人打听。

到达德黑兰那天，天色已晚。车子进酒店停车场时需要经过一个小巷，在巷子的尽头是一个很狭窄的直角弯。酒店负责指挥停车的男生可能平常很少引导小车入库，经验不足，在昏暗的光影中小手一通乱招，嘴里喔喔喔地招呼我进去。结果在拐弯的时候，把车子右后门的把手擦刮了，在车身上留下了伤痕。找他赔吧，有点儿不忍心，小哥儿每月的收入也就在 1000 元人民币左右，赔完了人家就没法儿生活了。只好作罢，自己认了，这处伤痕一直到我回国后才去 4S 店处理。

翌日一早，到酒店停车场的车里取东西，惊喜地发现在我车的后面居然还停有一辆中国品牌的车！实际上，在伊朗常常都可以看到咱们的国产品牌汽车。这绝对是一件好事，汽车就是一个国家流动的名片，跑在国外的街上，最能给人留下深刻的印象。但个人希望，如果卖车出去，最好能让那些质量好一些的品牌先行，以便为中国汽车建立一个好名声，这样对大家都好……

今天逛德黑兰，不准备开车。离开酒店的时候，老规矩，找前台要一张酒店名片。等到返回酒店时给出租车司机一看，就能找到路。

伊朗首都德黑兰，位于伊朗中部偏北，坐落在辽阔的伊朗高原北缘的厄

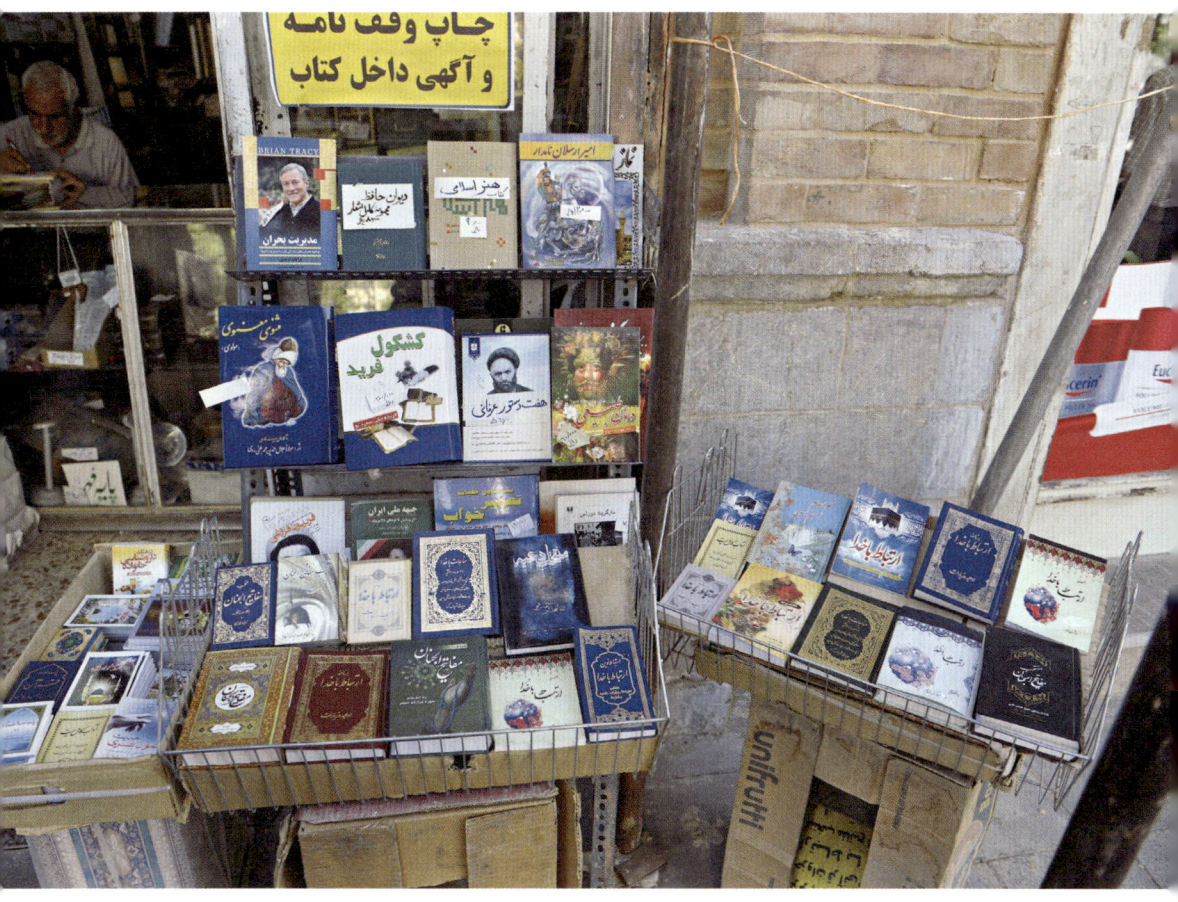

街头书摊

尔布尔士山脉南麓。市区分布在一片平原上,城郊东、西、北三面为厄尔布尔士山脉和呈弧形的丘陵环绕。海拔1200~1500米,面积300多平方千米,人口约1200万。

相对于伊朗5000年的灿烂文明史来说,德黑兰可说是一个相当年轻的首都。德黑兰这个名字由来不明,但根据地理学家哈姆杜拉·穆斯图菲（Hamdollah Mostowfi）在他的《心之喜》（Nuz'hat al-Qulub）里的描述,公元13世纪以前,德黑兰曾经是一个著名的村落,尔后渐渐兴旺起来。而第一位到访德黑兰的欧洲人很有可能是卡斯提亚王国使节鲁伊·冈萨雷斯·克拉维约（Ruy Gonzáles de Clavijo）,他在1404年7月前往帖木儿的首都撒马尔罕

سرای روشن
تأسیس ۱۳۱۱

（位于今乌兹别克斯坦境内）途中路经德黑兰，当时帖木儿控制着伊朗。据他的描述，当时的德黑兰仍没有城墙保护。

1796年，波斯卡扎尔王朝的阿迦·穆罕默德·汗加冕为王，定都德黑兰。从此德黑兰作为伊朗的首都，直至今天。

1779~1921年，正是在突厥人建立的卡扎尔王朝期间，伊朗沦为一个半殖民地国家。

1921年2月，军官礼萨汗发动政变，夺取政权，建立巴列维王朝。

1979年，巴列维王朝被推翻。霍梅尼结束长达15年的流亡生活，由巴黎回到德黑兰，宣布废除君主立宪制度，成立伊斯兰临时革命政府。2月11日，霍梅尼任命马赫迪·巴扎尔甘为伊朗总理正式接管政权，巴列维王朝覆亡。4月1日，霍梅尼宣布改国名为伊朗伊斯兰共和国，建立了政教合一的国家制度。

可是，政教合一这个频频见诸媒体的词组到底意味着什么？有些东西，貌似很复杂，其实拆开来看，就那么回事。非要把它整得高大上，那么一绕下来，很有可能连解释者最后都不明白是怎么回事儿了。

咱们这就给一个接地气的解释吧。

具体到伊朗，简单来说就是这个国家有两位领导人，一个是总统，一个是宗教领袖。总统负责领导行政部门，具体经管国家事务，四年一个任期；而宗教领袖则是终身制，是宗教（什叶派）、中央政治、军队的最高领导，有着比总统更为广泛的权力，总统的选举产生和罢免也要经他的批准。如果这么说您还对他们的政教合一体系没有概念的话，那么咱们就以曾经的苏联和现在的朝鲜为例。宗教领袖就相当于党中央总书记，而伊朗的总统则相当于总理，具体事务由总理操办，但国家大事总书记说了算。伊朗的第一位精神领袖是霍梅尼，他发起的伊斯兰革命推翻了当时与美国打得火热的伊朗巴列维王朝，终结了伊朗2500年历史的君主制，建立了全球唯一的政教合一国家。1989年6月，他辞世之后，由哈梅内伊继任。哈梅内伊曾是伊朗总统，有着较为广泛的民众基础。今天，在伊朗街头的任何一幢稍微宏大一些的大楼上和绝大多数商业场所，能看到两位伊朗宗教领袖霍梅尼和哈梅内伊的巨幅照片。到此为止，咱说的是国家层面，具体到基层，就和苏联以及现在朝鲜的党政合一一样，这个城市有市长，但市长并非最后的决策人，市长上面还有市委书记。同理，在政教合一的国家，市长上面还有伊玛目（Imam），伊玛目在某种程度上就相当于书记，最后做决定的就是这座城市里的伊斯兰教最高职务者。这么一解释，您一定就理解了为什么某些宗教人士非常热衷于搞政教合一了。一言以蔽之，那不是简单的宗教问题，而是政权问题。

在过往的岁月里，伊朗饱经风霜，经历过多次战乱。最近的一次是发生在20世纪80年代的两伊战争。在那场旷日持久的战争里，伊朗与伊拉克拼了一个你死我活，但最终却没有赢家。今天，走进德黑兰，却丝毫寻觅不到一丝一毫战争的痕迹。这是一座满眼绿色的城市，街道干净整洁、绿树成荫，一排排整齐挺拔的梧桐树夹持道边，芳草萋萋的街心公园比比皆是。德黑兰虽然没有太多的高楼大厦，但德黑兰人对现代化的追求却无处不在，大型购物中心、电影院、写字楼、住宅小区等一应俱全。

那么，说起伊朗，一般来说大家会联想到一些什么样的词汇呢？

两伊战争？示威游行？恐怖袭击？人肉炸弹？核武器？

这些都是多么令人毛骨悚然的词语啊！

其他国家的人到伊朗会有一些什么样的感受我不知道，作为一个中国人，起码我的感觉非常不错。当然，说起来，在当今这个世界上，如果你长着一副东亚人的面孔——主要就是中日韩三国——然后满世界乱跑，你就代表着一种新兴的力量。今天，在很多国家，东亚黄种人的面孔，就是高智商、高学历、勤奋持家、较高收入的象征。如果你碰巧还能说一口流利的英文，那么你会感觉到，哪怕是在伊斯兰的地盘上，世界也是开放的、包容的、易于沟通的。在伊朗街头，经常会有友好的当地男女主动搭讪，求交流，求留影。这非常有力地证明了伊朗人并没有所说的那么保守，虽然该国有宗教规定，譬如男女之间不能在公共场合出现亲密举动（拉手、接吻）等，但实际上这些规定在伊朗却并没有非常严格地执行。

在巴列维王朝时期，特别是20世纪60年代以后由于伊朗石油财富剧增，德黑兰获得了空前的发展，成为一座相当发达、繁华、时尚、开放和西化的大都市，曾经有"东方小巴黎"之称。当时很多亚洲国家去往欧洲的飞机航

清真寺

班都经这里中转。现在,德黑兰仍然是伊朗政治、经济、文化中心和交通枢纽。相对于全国8000多万人口来说,德黑兰是一个庞大的都市。目前,它不仅是伊朗,也是西亚最大的城市。

德黑兰在波斯语中意为"暖坡"。城市北部的房子呈阶梯状依山而建。厄尔布尔士山挡住了北面来自里海的寒风,因此,虽然德黑兰所处的纬度和北京相近,但冬季并不十分寒冷。德黑兰的天气常常朗日高照。往东北方向,可以遥望伊朗最高峰——终年积雪的壮丽的达玛万德峰。若你从霍梅尼国际机场下飞机,在进城的路途中,一定不会错过一座闪闪发光的金色圆顶建筑,那就是伊朗伊斯兰共和国的创始人——最高领袖霍梅尼的陵墓。这里理所当然地成为伊朗及其邻国什叶派穆斯林的主要朝拜地之一。这座建筑,在德黑兰大多为灰暗色基调、没有什么特色的城市建筑中十分引人注目。

东边蒙古，西边伊朗

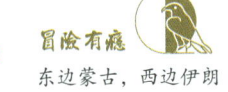

如果要问我，在德黑兰的街头看到的最令人不解的现象是什么？我的答案会是鼻子。是的，鼻子。大街上时常会看到年轻的伊朗男女在自己的鼻梁上包着一块医用纱布。刚看到时，甚觉不解：德黑兰地势挺平的，没有咱们重庆那么多坡坡坎坎，不会有那么多人都把鼻梁摔断了吧？后来与当地人聊天儿才知道，那是因为很多伊朗年轻人觉得鼻子太大，所以一旦有钱，就会去做整容手术，把鼻梁削低、削小一点儿。

可是，把鼻梁削低、削小一点儿？我没听错吧？大家都知道，鼻子整容手术在中国也很普遍，但恕我孤陋寡闻，中国人修整鼻子，好像都是往高了整，怎么伊朗人会反着方向往小里整呢？

其实原因很简单，人们总是倾向于对已经拥有的一切不甚珍惜，而对还没到手的东西垂涎三尺。东亚（中日韩）人鼻子相对较小，而伊朗人天生高鼻梁，有时候甚至是太高了，以至于在他们的审美观中，以稍微小一点儿的鼻子为美。

因此，在伊朗就出现了一道奇妙的风景线：无论男女，做完鼻子手术，贴着胶布就上街，一点儿也不觉得尴尬——通过鼻子上的胶布，他们似乎在无声地宣称，老子有钱！老子有追求！老子懂美学！

另外一个令我不解的现象就是，夏天的伊朗，室外气温往往在40℃~50℃

刚做了削鼻手术
的伊朗青年

甚至更高，可大街上仍然有众多的裹着厚厚的头巾、穿着小短大衣的伊朗女子在兴高采烈地走来走去。穿那么多，真的不热吗？说来，在伊斯兰世界中，伊朗属于比较开明的国家，但也有许多清规戒律。譬如，在任何公共场所，女人不能穿裙子，男人不能穿短裤。所以，在伊朗，无论多么热，你都不会在公共场合看到一个穿短裤露出长毛腿的汉子。要是非要穿，那又如何？很简单，被警察和专管风化的人员逮住，立马就有种种措施等着你，比如罚款、当街鞭挞、拘留、判刑之类，总之人家的办法多得很。

由于外国女性游客，哪怕不是穆斯林，到伊朗也会被要求戴上头巾，那么怎样才能将非穆斯林的女性游客与本地女子分别开来呢？很简单，非伊斯兰国家来的游客虽然按伊朗规定戴上了头巾，但执行的力度却明显马虎，她们倒是将脑袋后半部盖住了，但却往往会因为露在外面的脚踝、小腿甚至穿着凉鞋的脚而暴露了身份——对于穆斯林女子来说，这是不允许的。

其实话又说回来，在某种程度上，头巾裹脸，对普通女性来说，是一种赋予她们平等待遇的方式。凭什么你长得好看就要回头率高一点儿？大家都把脸遮住，上街就都平等了，谁也不会因为漂亮被人多看一眼，或者因为丑陋而被人少看一眼。

就伊朗本地而言，大城市的女人显然要开放一些，她们的头巾会是各种颜色，并且她们往往也会将脸露出来。浓妆艳抹之下，很难准确地判断出她们年龄几何。

德黑兰女孩儿

中亚和中东地区的女性，都喜欢浓妆。东南亚女子也是这样，譬如大家都熟悉的泰国、马来西亚、菲律宾等。虽然与中东波斯湾南边的海湾地区阿拉伯国家相比，伊朗算是相当开明的了，但伊朗小地方或偏远地区来的女性，往往一身黑袍，只露出一双眼睛，还是显得保守。说起来黑袍本身倒也没什么，它只是一个表征，关键是背后的文化。

实际上任何事情，只要走向极端，也就走向了反面，所以中国文化讲究中庸二字。所谓中庸，就是不偏不倚、不左不右，就是恰当，就是刚刚好，就是不走极端。这是在中国文化的语境中发展出来的博大精深的哲学。对于其他尚未发展到文明顶端的文化来说，对中庸之道的理解似乎还真是有点儿过于艰难了。

那天，在德黑兰街头，有一个波斯小男孩儿扑闪着一双大眼睛一直跟着我走。他不会说英文，仅仅就是好奇而已。看看我的相机，看看我在干什么，开心的时候和我唧唧呱呱说几句波斯语，手舞足蹈一番。

很多时候，我们其实并不真正需要语言。有了语言就有了误解，有了误解就有了缝隙，甚至有了争端。就像跟着我的小男孩儿，哪怕语言不通，至少我们从彼此的笑容中能感受到善意，从彼此的眼睛中能看到真诚，那就足够了。

顺便再介绍一下所有游客去德黑兰基本上都会看看的几个景点吧。

首先是德黑兰自由纪念塔。

自由纪念塔气派雄伟，风格新颖。塔高45米，塔基长63米，宽42米，呈灰白色，采用钢筋水泥和大理石建成。自由纪念塔于1971年10月落成，伊朗建筑师侯赛因·阿马那特在设计该塔过程中，既注意吸收外国建塔的优点，同时注意充分体现伊朗建筑的民族风格。

自由纪念塔所处的位置极为中心，在德黑兰各个方向都可以看到它。此为德黑兰最重要的地标之一。广场是德黑兰重要的政治活动舞台，重要的集会、游行和国庆阅兵式等活动都在这里举行。

德黑兰另一个必去景点是前美国驻伊朗大使馆。

1979年11月4日，一群学生冲进了伊朗首都德黑兰的美国大使馆，抓住使馆工作人员。这个事件最终演变为"伊朗人质危机"，被扣的52名美国人质在 444 天后被释放，回到美国。而这一事件也间接导致了美国前总统吉米·卡特连任失败。

后来，好莱坞据此拍出了一部电影《逃离德黑兰》。《逃离德黑兰》是本·阿弗莱克执导的传记剧情片，由本·阿弗莱克、约翰·古德曼领衔主演。影片讲述美国驻伊朗大使馆被刚刚取得伊斯兰革命胜利的伊朗人民团团包围，6 名美国外交官和平民被扣留为人质长达 444 天。其间，一位精通伪装技巧的中情局特工托尼·门德兹策划了一个营救方案，成功地将困在加拿大驻伊朗使馆的 6 名美国外交官带离伊朗。

前美国驻伊朗大使馆外墙上到处都是涂鸦，这些涂鸦的主题就是反美。

前美国驻伊朗大使馆大门

前美国驻伊朗大使馆涂鸦

德黑兰自由塔

第15章

大巴扎，碰见了热情的哈桑

游览德黑兰，可以选择乘坐马车，价格不算便宜，但也算不上多贵。如果需要一个比较经济的方式，那么乘坐免费的观光车也是不错的选择。

德黑兰的北部散布着独幢别墅、高层住宅、花园洋房、私家小宅，这是德黑兰的富人区，安静、干净、空气也好，条条大道四通八达，诸多使馆也分布于这个区域。而在南城，则是平民区，低矮的楼房、狭窄的街道、拥挤的市场，却另有一种民间的气息。德黑兰老城区，到处都是波斯风格的日常建筑。沿街的小杂货店里面出售的很多小商品都是中国制造。店门口的露天摊铺上，陈列着五颜六色的各种烹饪香料，就像是画家的调色板。

德黑兰也有商场，也有大型购物中心。但那里价格较贵，主要是上中层人士购物的场所；而巴扎则是普通平民百姓买东西的地方。德黑兰的大巴扎，在老城区的中心地带。所谓巴扎，就是自由集市的意思，买卖什么物品的都有。新疆也有类似的地方，

德黑兰大巴扎

所谓新疆国际大巴扎便是。

在老城的中心地带,从很多地方都有进入大巴扎的入口。德黑兰的大巴扎面积很大,里面四通八达,小巷纵横。如果您仅仅把大巴扎当成一个卖东西的集市,那可真没什么意思。在这种地方出售的商品,由于低廉的价格所限,质量都算不上上乘。但是,大巴扎的建筑风格,以及在大巴扎内摩肩接踵的各色当地人等,却是鲜活的伊朗文化。那么,对于德黑兰大巴扎来说,什么商品是它这里卖得最多的呢?

一个是各种金银首饰和钻石珠宝,当然质量如何,那就各安天命了;另一个说来有点儿难以让人理解,那就是女人内衣。对伊朗这样的伊斯兰国家来说,女人出门且尚须将自己包裹严实,而女人的各种内衣却又可以当街摆卖。

正兴致勃勃地在大巴扎里面逛着,就听有人在背后说 hello。

回头一看,原来是一位 40 岁出头的男士笑眯眯地在跟我打招呼。寒暄之后,就认识了这位名叫哈桑的伊朗老板。哈桑这个名字,写成英文是 Hassan,在古代中国一般被翻译为霍山。金庸在其小说《倚天屠龙记》就描述了一个名叫霍山的波斯"山中老人",他是波斯武功的创造者,

大巴扎邂逅的哈桑

极富传奇色彩。《倚天屠龙记》中那一门奇妙的波斯武功乾坤大挪移,据说便与霍山老人渊源甚深。

一番寒暄,当得知我来自中国,会说一口流利英语的哈桑自告奋勇要带我们在大巴扎里面逛逛。他问:"你想看什么呢?"

我说:"我想看看这个大巴扎之内最古老的部分。"

他歪头想了片刻,笑呵呵地说:"OK,let's go!"

然后,哈桑就带着我们在这迷宫般的大巴扎里面缓慢而行。一边走,一边他介绍说,德黑兰本身作为首都的时间不算太久,所以和伊朗其他的古典建筑相比,这个大巴扎实际上算是非常年轻的了,大致也就几百年历史吧。

فروشگاه
لباس زیر
لوازم آرایشی و بهداشتی
یاس کبود
لوازم آرایشی
adidas
PUMA

大巴扎穹顶

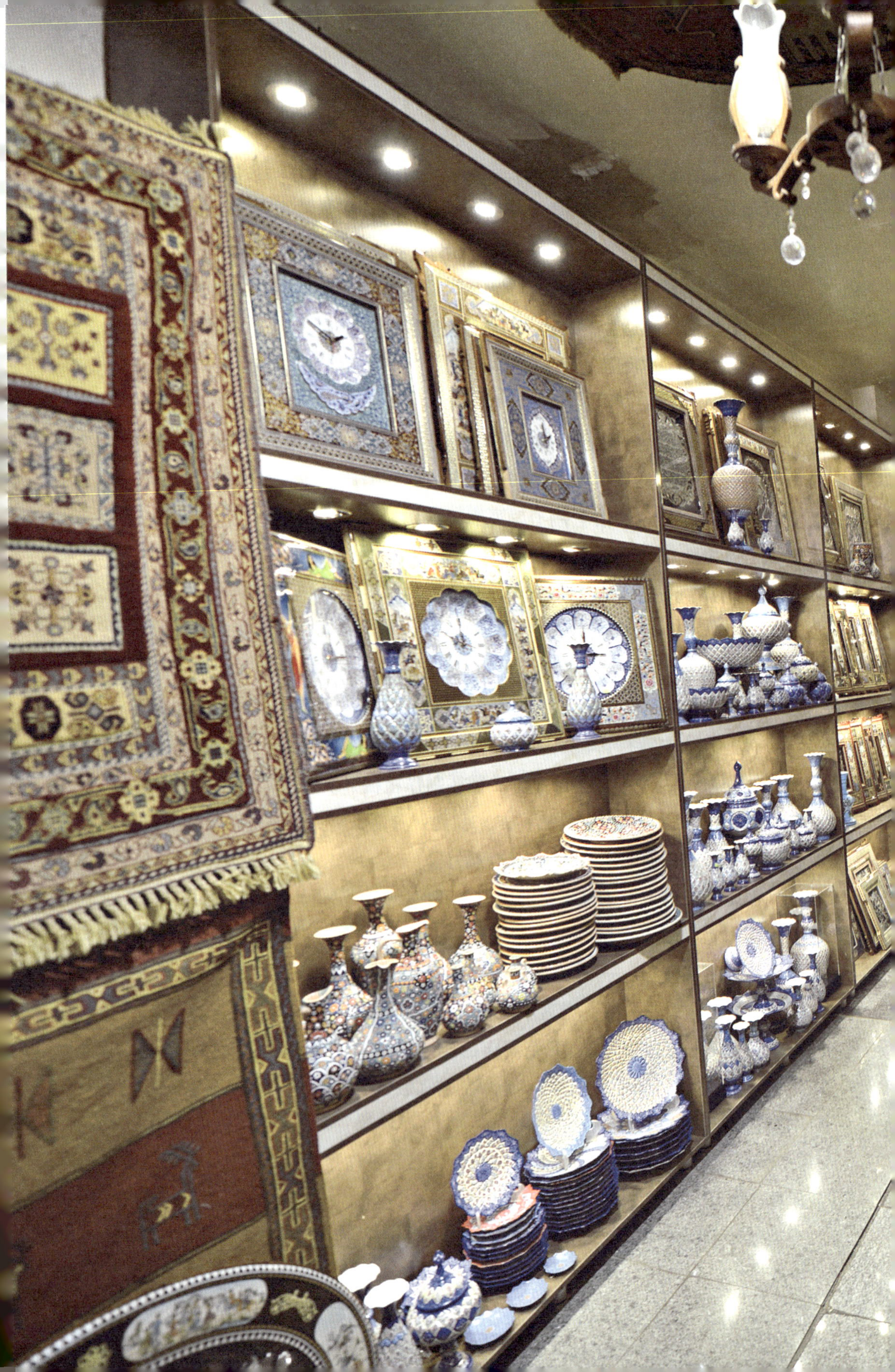

哈桑带我們去的大巴扎地下室

伊朗挂毯商店

伊朗挂毯

伊朗商人

在哈桑的办公室待了一会儿，喝了一杯加冰红茶，就出来了。不一会儿，就到了专门零售地毯、挂毯的地方。在这里，哈桑说他有事，告别而去。

伊朗挂毯作为一种装饰，还是比较漂亮的。从做工来看分两种，手工的和机制的，两者之间价格上差别较大。在这里，朋友希望挑选一块精致一些的做纪念。

说到挂毯的内容，也有两种类型。一是景观人物，二是单纯的波斯文字。面对琳琅满目的各式挂毯，朋友一下就有点儿迷茫了，转头问我的意见如何。我提议道："按你的阅历和身份，简单地挂一幅画，略显轻浮，还不如就买一幅文字图案的，咱就姑且算它是波斯书法吧，典雅大方，不失端庄。"

对我的建议，朋友深以为然。最后，在朋友选定了文字构图之后，我兀自不太放心，特地专门请教了好几个不同的当地人，确认了画框里波斯文字的含义只是普通的祝福用语，并不包含任何的宗教极端思想之后，才让朋友买下。

不要以为我确认文字内容是多此一举。什么叫宗教极端内容？譬如，如果他给你来一句"不信教就去死"之类的，你不知道，还买回来挂墙上，那多不吉利？

等朋友购物完毕，我们继续在大巴扎里毫无目的地一番乱逛。然后，在大巴扎的中心地带看到了一个简朴的清真寺。据说，当年大巴扎正是围绕这座清真寺修建起来的。

今天的德黑兰大巴扎实在是太大了，一旦进去，要走出来，须大费周章。终于，从一个不知名的小巷子里钻出，来到外面的大街上。这里人流熙熙攘攘，人声鼎沸。不少人坐在树荫之下，休闲乘凉。这就是伊朗首都德黑兰的普通市井生活。没有渲染，没有粉饰，一切都是那么自然。

午餐时分，卖盒饭的小贩如泥鳅一般在人群中钻进钻出。街边各个餐馆皆是爆满，万般无奈之下，只好在一家小店门前排队，买了一个烤鸡，再加两杯冰镇饮料，和朋友一起，与当地伊朗人肩并肩坐在街边分而食之。就这样我已十分满足。没办法，谁让咱天生就是一个奔波的命？说不定上辈子还就是一个游牧民族，也许是匈奴，骑马走天涯，走到饿了，一块烤肉，一羊皮袋奶子，就是一顿丰盛的美餐。

吃饱喝足，看到不远处就是德黑兰的免费观光车。正好，咱们也去排队，体验一把。和我们一起排队的，还有一群穿戴着黑袍黑巾的当地中学女生，叽叽喳喳的，完全不像是传统的伊斯兰女性那么娴静。所以，人还是不要长大好一些，长大了很多快乐就会被社会的清规戒律阉割掉。

我试着冲女孩子们说了一声："Hi——！"

她们一下就冲我灿烂地笑了起来，大眼睛里满是单纯。就在这时，带队的那位黑袍妇女忽然大声吼了两下，女孩子们一下就都安静了。

朋友说："你瞧，嬷嬷不高兴了。"

我忍俊不禁，道："张冠李戴了不是？嬷嬷是基督教的叫法，佛教的叫师太，道教叫道姑。不知这里的老妪该叫什么？"

德黑兰市区街道宽阔，绿树成荫，现代化的建筑整齐新颖，其间夹杂着古色古香的清真寺、教堂等，使这座城市显得既古老又年轻。德黑兰一个引人注目的特点是一年四季都盛开着各种鲜花，尤其是伊朗人喜爱的玫瑰花到处开放。

这么走着，到底要去什么地方呢？

大热天包着头巾的伊朗女性

第16章

古列斯坦王宫的咖啡时光

乘坐德黑兰免费的旅游观光车，就来到了一个地方。这里是赫赫有名的德黑兰古列斯坦王宫（Golestan Palace），也是联合国教科文组织评选出来的世界文化遗产。

位于德黑兰市中心的古列斯坦王宫是一个庞大的王室官邸建筑群。目前的宫殿建造于1865年，有17处宫殿、博物馆和其他建筑。Gole意思是花，我们很熟悉的"斯坦"（stan）一词意为地方，与Golestan连在一起，就是"有花的地方"，因此满是鲜花的古列斯坦王宫也被意译为玫瑰花园（Rose Garden）或玫瑰宫。

顺便说一句，所谓巴基斯坦，意思就是一个叫巴基的地方；而哈萨克斯坦意思就是一个叫哈萨克的地方。带有"斯坦"的地名，在中亚、中东、南亚地区比比皆是。

国内某些媒体、网站经常都将Golestan Palace翻译为"古列斯坦皇宫"，实属对伊朗的历史文化了解不够而导致的谬误。与古列斯坦王宫发生过渊源的，只有伊朗国王，没有伊朗皇帝。若随手将其翻译为"皇"什么的，那是不尊重历史。就像现在的韩国，或者现在翻译的韩剧、韩国历史，动辄就是"皇宫""皇后"之类，要么是韩国人意淫，要么就是翻译人员知识面不够宽广，不了解历史。实际上古典时代的韩国只有国王，没有皇帝。皇帝只有当时的中国才有，朝鲜的最高统治者就是低一级的国王，且这个国王必须经过中国皇帝的册封才算合法有效。1895年甲午战争失败，清朝承认朝鲜独立。

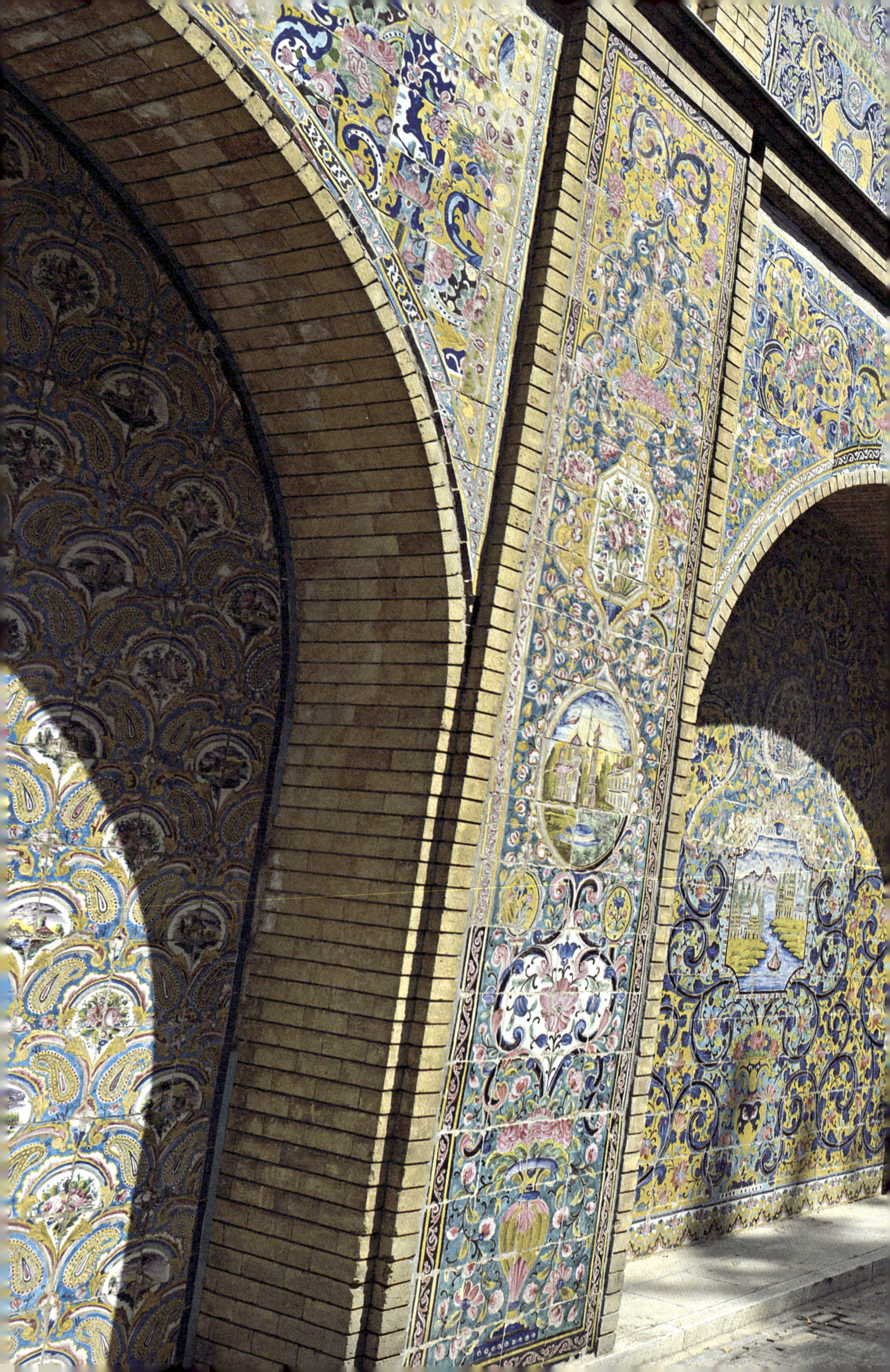

古列斯坦王宫

在那之前，朝鲜基本上一直就是中国藩属，其国王要是胆敢自称皇帝，那就是僭越，僭越就要满门抄斩。所以，当时就是借一万个胆子，朝鲜国王也不敢称帝。

古列斯坦王宫是德黑兰这座非常年轻的首都城市里历史最悠久的建筑物之一，礼萨汗和其子巴列维的国王加冕典礼都是在这里举行的。而在巴列维时期，这里也是伊朗国王接见外宾的地方。整个古列斯坦王宫被认为是伊朗建筑的精华，尤其是其内饰，其中最具特色的是明镜殿、大理石殿、钻石宫、通风楼等。明镜殿更是堪称伊朗建筑精华中的精华，宫殿内的圆形顶部和四周墙壁都用小块镜子镶嵌。此外，宫殿墙壁上还有著名画家克马尔·穆鲁克创作的数幅名画，使宫殿显得更加流光溢彩、富丽堂皇。

那么，在古列斯坦王宫修建的1865年，世界上发生了什么事情？

1865年的美国正在南北战争时期，这一年林肯被刺，年底美国废除奴隶制。

1865年的欧洲，拿破仑三世同俾斯麦在比亚里茨会晤，同意普鲁士在德意志拥有至高无上的权力和成立一个统一的意大利。

1865年的中国处于大清同治年间，曾国藩统领的湘军正忙于镇压太平天国。

这个世界从来就不曾安宁。

古列斯坦王宫的门票为15万里亚尔/人，按当时的汇率，大致相当于28.85元人民币。对于一个联合国教科文组织评选的世界文化遗产景点来说，这个票价算是相当便宜了。国内同等级别的景点，要是不收100元以上的门票，都不好意思叫旅游景点。

看惯了中国的大庭院、大皇宫，再看古列斯坦王宫，总觉得有点儿局促和小气。伊朗建筑酷爱在外立面上使用颜色丰富、图案繁复的瓷砖来装饰，阳光下的古列斯坦王宫显得光彩照人，看起来不错。但实际上以中国古代同时期的标准来说，还是差强人意了一些。

如果要进入里面的每个宫殿建筑，要额外购买门票，价格10万里亚尔。这种园中园的收费方式，倒是挺熟悉的。遗憾的是，主宫的镜厅不许拍照，它的美丽只能存留心中，但侧厅可以。

下部　西边伊朗

古列斯坦王宫

古列斯坦王宫侧厅

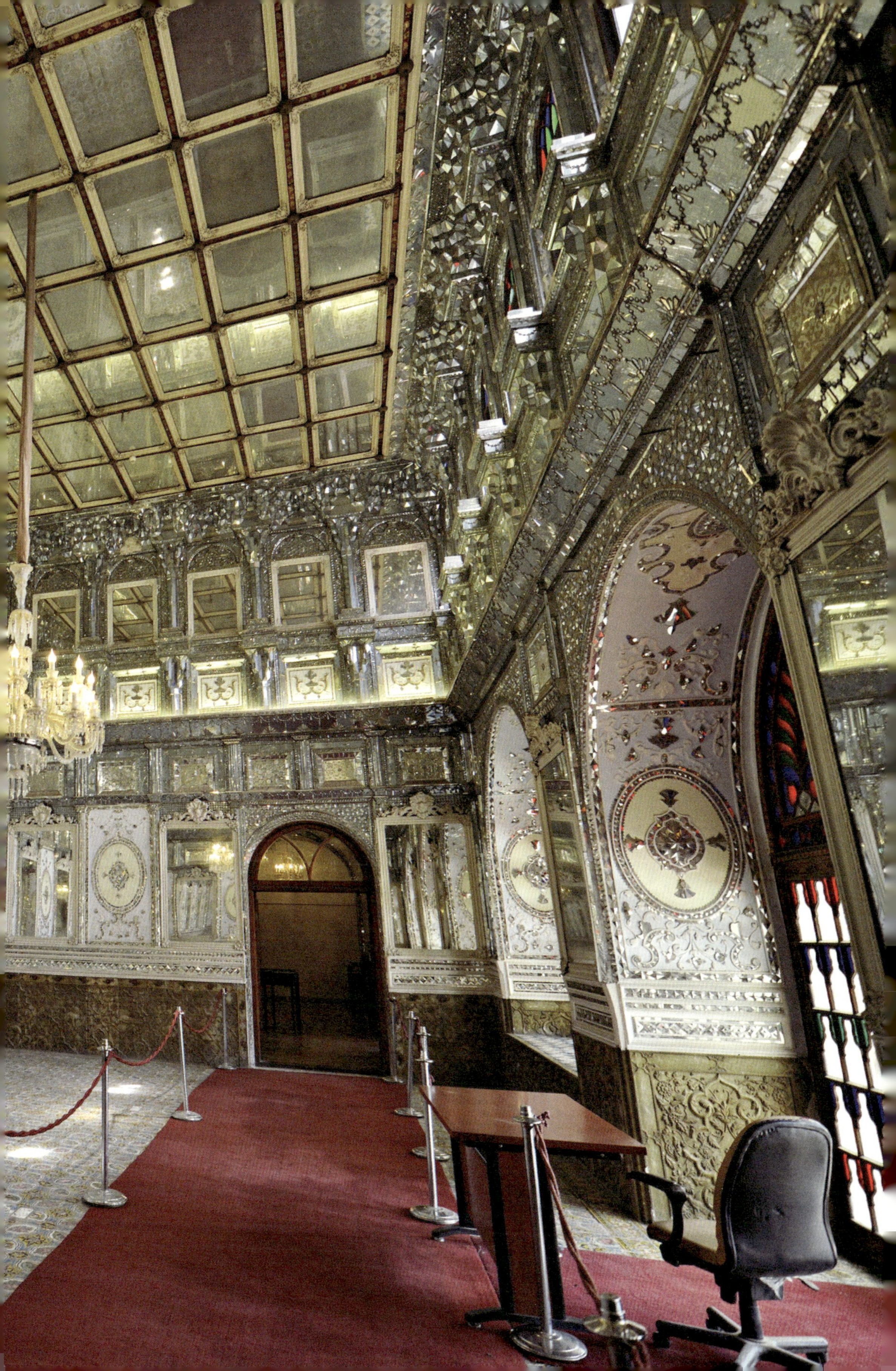

古列斯坦王宫内部用了大量的玻璃和镜子，各个房间都熠熠生辉。还有雕刻精致细腻的木头门、窗棂以及华丽的绘画。个人感觉，镜子的装饰，看起来绚丽倒是绚丽，就是略显轻浮，与王家身份颇有点儿格格不入。

实际上，在伊朗的各类奢华建筑中，这种用大量镜子所做的装饰，屡见不鲜。想一想，其实这也挺好理解的。在石油还没有成为商品的农业时代，伊朗并非一个富裕的国家。它的可耕地也就仅仅比周边的国家如阿拉伯地区、阿富汗地区好一些而已，要和同时代的中国、印度、欧洲相比，那就差得太多。老百姓太穷，国王自然也就搜刮不了多少油水。不过好在伊朗地处东西方交通要道上，来往的商贾给伊朗统治者带来了一定的收益。所以，当时的伊朗王室，与在亚欧大陆上各个国家的王室、皇室的层面上横向比较，也还算是一个小康。如此，用价廉物美的镜子充当主要的装饰材料，既满足了美学上的要求，价格又不算太贵，自然便是首选。

欣赏完了古列斯坦王宫，发现在王宫庭院之侧，竟然还藏有一个咖啡屋。烈日炎炎，汗流浃背，口干舌燥，那就赶紧地去咖啡屋歇歇吧。

这是一间标准的伊朗式咖啡屋，那意味着这里无酒可卖，伊斯兰教国家是禁酒的。旁边那一桌，似乎是一家子亲戚朋友，聚在一起欢声笑语，其乐融融。

没有任何的酒精饮料，我便只好半躺在咖啡屋的伊朗式卧榻上，寡淡地喝饮料，吃点心，品水果。这里空调开得很足，于是就决定索性在这里小憩片刻。正在昏昏欲睡之际，就听旁边有人用温婉的声音轻轻地在招呼："Hello, sir！"

古列斯坦王宫咖啡屋门前

微微撑开眼皮一看，昏暗的灯光下，竟然是四位伊朗女士笑吟吟地站在我的卧榻之旁。她们头巾长袍，穿戴严实，浅笑吟吟地问我是否可以聊聊？

我观察了一下，与这四位一起的还有两位伊朗老妇人，她们就坐在我背后不远处的一张卧榻上。见我扭头看她们，她们冲我颔首而笑。看来，伊朗女性也并非想象中那么保守。既然说聊，那就聊呗，伊朗的咖啡屋没有酒喝，聊天儿、摆龙门阵总是可以的。

这四位女性来自一家子。其中一个母亲、一个女儿、两个侄女。

她们就随意地坐在我对面的卧榻上，欢声笑语，相谈甚欢。哦，你问用的什么语言？那位母亲是德黑兰大学的历史学讲师，硕士学位，她的英语相当不错；另外三位小辈女孩儿的英语也基本上达到了高中学生的水平。

在伊朗的伊斯兰革命之前的巴列维王国时代，伊朗与美国的关系很深、很广泛。当时美国拥有的最先进的变后掠翼战斗机F14除了专供美国海军的航空母舰所用之外，只出口过一个国家，那就是伊朗。喜欢关注军事的朋友都知道，这个F14绝非平庸之物，就算放在40年后的今天，也不算太落后。巴列维时期的伊朗是美国的铁杆盟友，整个伊朗社会面向西方，相当开放。但经过伊斯兰革命之后，伊朗遭到美国为首的西方国家的各种封锁，与外界的接触几乎陷入停顿的状态。但是，这个国家曾经开放过，外面世界的美好已经作为一种记忆悄然潜藏在很多伊朗人的心底。虽然现在与美国的关系不好，但老百姓学习英语的热情仍然很高，他们在为未来必将到来的那个开放时刻默默地做着准备。所以，当地人乐于与外国人交流、沟通，一方面是因为好奇，锁国太久，希望了解外面的世界；另一方面，也是为了逮着机会练习一下英语口语。

那天下午，在古列斯坦王宫的咖啡屋，与几位伊朗女士一起聊了很多，教育、物价、社会治安、宗教之类的，什么都谈了一下，但主要讨论的是两个话题，一为宗教，具体说就是伊朗的伊斯兰教，这个题旨太敏感，咱们就不在书里面来讨论了；另一个为婚姻，尤其是当地女孩子的婚姻。这里，咱就说说这个吧，各位读者应该也会感兴趣。

我问："你们的女孩子想嫁什么样的男人呢？"

女讲师一口就答了上来："Successful（成功的）！"可能是看我听了之后

有点儿发愣，她又解释道："Successful 不一定就是说要很富有，但一定要能养家糊口（support his family，没错，她就是用的这个表达）。

我又问："那么，如果外国人娶了伊朗老婆，是否需要改变宗教信仰，皈依伊斯兰教呢？"

"如果在伊朗登记结婚，那就必须要改信伊斯兰教；但若在丈夫的国家结婚，这个规定就不那么严了。"

我笑问："那么，伊朗女子一般来说，会希望在哪里办理结婚手续呢？"

她也笑了，说："应该还是愿意在伊朗办结婚手续吧，毕竟伊朗会对伊朗女性保护多一些。"

"是吗？说到保护，具体会有哪些措施呢？"

"这个嘛，关于与外国人的婚姻，我也了解不多，平常关注不够。就我所知，结婚之后在伊朗买的房子必须登记在伊朗妻子的名下，因为外国人不能在此购买不动产，如婚姻破裂，房子归妻子。"

"嗯，我理解，我们中国有句俗话，嫁汉嫁汉，穿衣吃饭。尤其是在伊朗这样的社会，女性的工作机会很少，一旦离婚，她们的生活将会难以为继。所以她们的权益就更应该得到保护。"

"是这样的。所以结婚时男方还要给女方聘礼，还要承诺给女方金币（mehriye），1 金币大致相当于 500~700 美元，这取决于当时的汇率。"

"哦？那就是说，结婚时男方要花很大一笔钱是吗？"

她摆手道："不必的。结婚时，这个金币是不需要真正拿的；只有当离婚的时候，男方才必须按照婚约上的金币数量，折合成现金一次性或分期付给女方。"

"明白了。就相当于婚姻保护金。一般要求多少金币呢？"

"这个倒不一定，几十、几百到几千、几万都可能，根据双方所处的社会阶层而有所不同。"

我恍然大悟道："哦，我明白了，金币就相当于是对婚姻中女性的保护，或者说，是男方承诺为婚姻提供的担保金，是吗？"

她莞尔一笑，说："应该是这样。伊朗社会比较保守，离婚的女性再嫁较难，所以需要保护。"

在德黑兰那个炎热的下午，我在古列斯坦王宫那间价格不菲的咖啡屋里，与四位波斯女性相谈甚欢。尤其是其中那位在德黑兰大学当讲师的母亲，英语流畅，知识面广，礼仪周到，落落大方，大家在一起度过了一段美好的咖啡时光。

一起聊天的几位伊朗女士

这就是直观的、鲜活的伊朗人文课。

离开的时候，顺手就将找补回来的几张零钱给咖啡屋 boy，他居然微笑摇头道："No，thank you！"

旁边的女讲师低头笑了，低声在我背后说："他嫌少了。"

是这样？其实我也不知道他们的风俗大概多少金额给小费才算合适。于是又抽了几张大一点儿面额的纸币给他，这次他爽快地笑纳了。

分手时，我问："给你们几位拍一个照可以吗？"

她们欣然应允，立马站起身开始整理头巾和伊朗长袍。可惜光线太暗，我用卡片机拍的，很多都拍花了。而我与她们的合影，也是花的，就不拿出来给大家看了。

第17章

库姆圣陵，伊朗的第二圣城

驾车穿越亚欧大陆，考察那些在人类文明史上曾经赫赫有名的国家，是人生的一件快事。漫漫长路，无尽寂寞，怎么少得了音乐呢？

我随车带的音乐中，主要的就是一支来自俄罗斯莫斯科的乐队的歌曲。这支乐队也是我希望在此分享给各位读者的。他们的俄语名字叫 Любэ，英语为 LUBE，译成汉语为"柳拜乐队"。这也是俄罗斯总统普京最喜欢的一支乐队。柳拜乐队是俄罗斯的流行民谣摇滚乐队，它被誉为20世纪90年代以来俄罗斯最杰出、最伟大的乐队。由于其对国家在文化和艺术领域及对巩固民族之间的团结友谊所做出的杰出贡献，乐队主唱尼古拉·拉斯托尔古耶夫和已故的伴唱阿纳托利·库列绍夫被俄罗斯联邦总统授予"俄罗斯联邦功勋演员"称号。俄罗斯的一位著名导演这样评价柳拜："他们的音乐不是传唱一天两天的流行小调，而实际上已经变成俄罗斯民歌，是可以永远传唱下去的。Любэ 对于俄罗斯的贡献就像披头士（The Beatles）对于英国的贡献一样。"

柳拜乐队的众多歌曲中，我最喜欢的、也是此刻作为我手机铃声的、同时亦希望在此推荐给读者的两首是：《白桦林》和《轻轻呼唤我的名字》。如果可能，各位立马就可以去下载欣赏。要是喜欢的话，一定要记得告诉我，让咱们一起感动一下、开心一下。

在德黑兰的一个早上，在酒店吃完早餐后，我在大堂的沙发上坐着等待我的朋友下来一起出发去游览这座城市。到了中午，伸手一摸裤兜，发现手机不见了，心情一下就灰暗下来。要是手机掉了，就算在德黑兰买一个新的，它也是波斯文字版本，加之当地网络封锁得十分厉害，基本上可以肯定地说，很难下载到我平常所需要用到的那些软件和 APP。

那天，逛到日落，回到酒店，抱着最后一丝希望，直奔前台，想问问他们我的手机是否早上离开时遗忘在房间。哪知还没等我开口，前台妹妹隔空向我招手。等我过去，她说："你的手机早上扔在你坐的大堂沙发扶手上了，被顾客捡到。"

拿到手机后，我就发现捡到我手机的那位伊朗朋友好奇地翻看过我手机上的图库，里面有我拍于世界各地的数以百计的照片。看就看吧，在这个全球化的时代，世界变得越来越小，我们只有在知道外面的世界是什么样子之后，才不至于盲目自大，或妄自菲薄。

然后，在一个彩霞映满天际的傍晚，驾车离开了德黑兰，前往南方 150 千米处的库姆（Qom）。

关于自驾旅游，并非我喜欢开车，而是因为自驾是最有效率、最随心所欲的旅行方式。譬如，在德黑兰我可以玩到傍晚 7 点左右，然后再驱车两小时南下库姆住宿，这时也不过才晚上 9 点多，完全不算晚。但若是乘坐公共交通，如果你胆敢在德黑兰玩到晚上 7 点，那么当天晚上基本上就只能住在德黑兰了。第二天，你得起一个大早，先乘公交把自个儿悠到长途大巴车站或火车站，然后乘大巴或火车到库姆。到了库姆，还得慢悠悠地坐公交去找到酒店，这样一番折腾下来，大半天又混过去了。说了半天，结论就是——自驾游一天的效率，至少相当于自己去乘坐公共交通的所谓自助游的两天功夫。

150 千米高速公路，须臾即至。到了库姆，在夜色中跟着 GPS 在城内一番乱逛，街边所见酒店、宾馆，要么条件太差、要么就是不能停车，或者就是没有空房。可是，为什么不提前在订房网上预订酒店呢？前面介绍过，这个办法在伊朗行不通，因为伊朗网络差，酒店也不上订房网，所以没法儿预订，只能现场来找。

正开着车于库姆的街头踯躅而行，在城市昏暗的灯光下，从后视镜中发

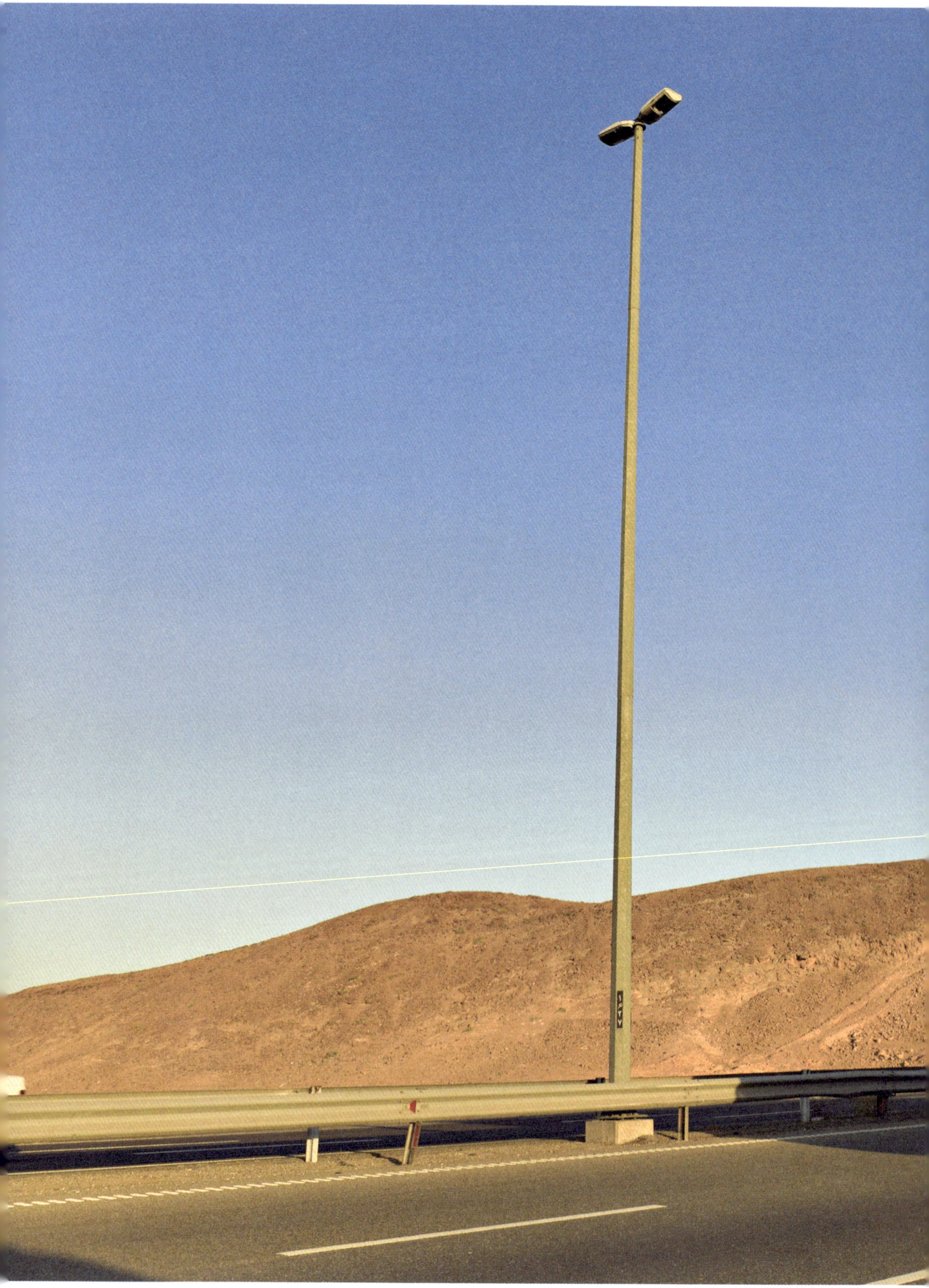

夕阳下的伊朗公路

现后面一辆老旧的小轿车不停地冲我闪着大灯、鸣着笛追了上来。怎么了？我在路边停下，满怀狐疑地等着后面车上的人来告诉我，到底发生了什么？后车也跟着我停下，一个满脸胡须的中年男子下车，"噔噔噔"跑到我面前，唧唧咕咕一阵波斯语，比比画画。这位男士基本上不会英文，但由于伊朗的宾馆酒店普遍都会用英文的HOTEL来做招牌，所以hotel这个单词至少是我们双方可以共同理解的。

他确认了我们是想找宾馆之后，招招手，让我跟上他的车，径直就往城外方向而去。驾驶了一会儿，我感觉不对，这么晚了，咱们两个外国朋友，你往城外人烟稀少的地方带，我哪儿敢去？于是我在路边停下了车。男子见我没跟上，又拐了回来，跑到我面前，嘀嘀咕咕又是一番解释。但我的策略就是，不管你东南西北风，我自岿然不动！让我大晚上的出城去，门儿都没有！

就这样僵持了十来分钟，伊朗男子终于明白我的意思。他不再坚持，招招手，上了他的车，带着我又往城内的方向而去。

在城里或灯火通明的大街、或阴暗狭窄的小巷中穿插逶迤，终于让他给我找到了一家酒店。条件极其一般，价格还好，有地下停车库。办理入住手续之后，男子找我们要了30万里亚尔的酬劳之后离去。

到库姆看什么？

答案是：圣陵（Hazrat-e Masumeh）。

那天上午，在嘈杂的库姆街道上，根据GPS的指示，顺着车流走走停停，然后就到了一个停车场。导航仪显示，这里离圣陵很近。那就赶紧地找地方停车。

在某些热闹的地带，也会像国内的拥堵路段，小汽车挤成一团。伊朗虽然轿车的质量普遍不好，款式老旧，但数量倒也不少。国外品牌主要是法国的几个，而更多的则是伊朗国产车，偶尔也能看到中国品牌的轿车。

在离圣陵不远处一个露天停车场停下车之后，一转角就看到路边墙头下的阴影处，坐着亲亲热热的一家子人，一夫二妻带着一个小孩子，从装束和气质一下就能看出他们是乡下来的。在伊朗，大城市里面基本上都是一夫一妻制。就算你想多娶几个老婆，由于大城市的女孩儿受教育程度较高，相对来说也见过世面，人家也不愿嫁给你当小。但在偏远的农村、边疆地带，宗教势力比较强，就可以一夫多达四妻。而库姆由于有一座著名的圣陵，常常会有边远地区的人们来此朝圣。

《古兰经》曰："你们可以择娶你们爱悦的女子，各娶两妻、三妻、四妻；如果你们恐怕不能公平地待遇她们，那么，你们只可以各娶一妻，或以你们的女奴为满足。这是更近于公平的。"意思就是，只要你能做到公平对待每一位妻子，就可以同时最多娶四妻。但是，如果一个男子同时拥有四位妻子，那么不管这个男子怎么做，恐怕都很难让四位妻子同时感觉公平吧。故而，所谓"公平"云云，分寸不好拿捏，实在是一个不好评判的事情。

圣陵旁边的小巷里，不时能看到空着双手轻松前行、讨论宗教大事的神职人员和扛着沉重的大包蹒跚前行的伊朗妇女。

不一会儿，随着成群结队的穆斯林，我就站到了库姆的圣陵清真寺的面前。

就宗教地位来说，库姆是仅次于伊朗东北部的马什哈德的第二圣城。库姆为什么会有那么高的宗教地位？这个就说来话长了，要从伊斯兰教的若

一夫二妻　　　　　　　　　　　　　神职人员

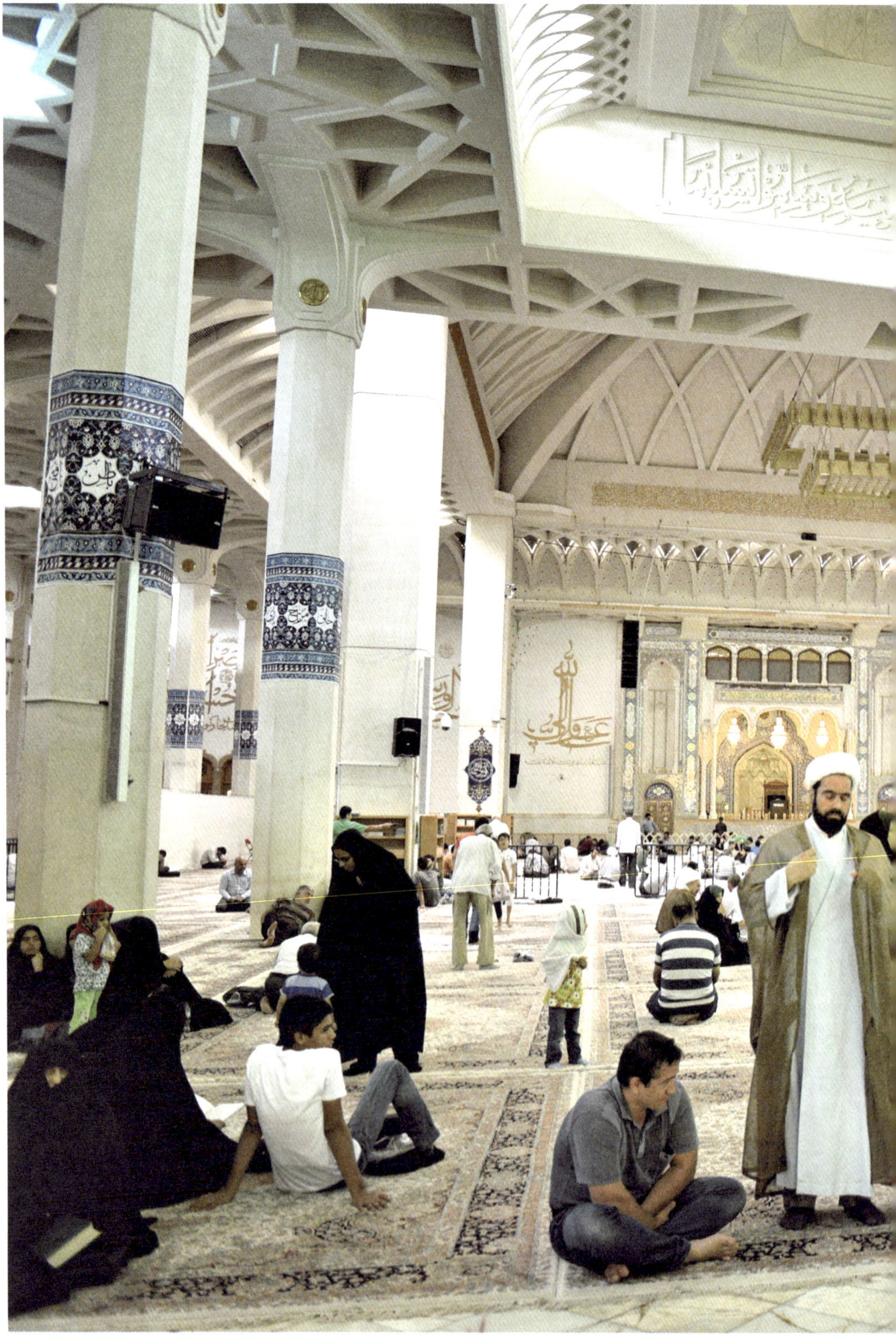

库姆圣陵——布道

干分支开始梳理，才能厘清这个问题。然而，对于我等非宗教专业人士来说，要仿照历史学或宗教研究的路子去审视这个纷繁庞杂的题旨，既枯燥乏味，又令人费解。那么，咱们就用最简明扼要的方式来解释和理解吧。

宗教虽然尊奉的是神（佛、上帝、真主等），但操演宗教的却是人。而有人的地方就有江湖，有江湖的地方就有利益，有利益就有纷争，因此，无论是佛教、基督教或伊斯兰教，在其内部都分成了若干派别。伊斯兰教分为主流的逊尼派和弱势的什叶派。而主要的什叶派国家就是伊朗、伊拉克、叙利亚。关于波斯人在被阿拉伯人征服之后，为什么会选择信奉弱势的什叶派，我在前面有过解释，此不赘述。关键是什叶派内部又再次分为若干小的分支。放眼一看，整个伊斯兰世界并非铁板一块，他们既与教外的敌人以命相搏，也与内部的敌人拼死厮杀。这方面的例子举不胜举，具体可参考中东地区各种曾经进行过和正在进行中的战争与杀戮，譬如今天战火纷飞的叙利亚。

什叶派内部又分为几个分支，其中最主流的一个叫作十二伊玛目（Imam）派，这也正是现今伊朗的国教。十二伊玛目派尊奉先知穆罕默德的女婿阿里及其直系后裔中的十二人为伊玛目。伊玛目是伊斯兰教教职称谓，意为领袖、师表、表率、楷模等。而在政教合一的国家，咱们不妨把伊玛目看成类似于社会主义国家苏联和朝鲜的各级权力机关的党的书记，就好理解了。十二伊玛目中的第八位葬在了伊朗东北部的马什哈德，因此那座城市就成了伊朗的第一圣城。而这位第八伊玛目的妹妹则葬在了库姆，从而使得这里成为伊朗的第二圣城。

按规矩，圣陵是不让带着敌意的非穆斯林进去的，也不能背包进去。所以，当我和朋友准备往里走的时候，被门口的值守人员拦住了。值守人员手上都拿着一支白色或蓝色的毛掸子，不知是鸡毛还是别的什么羽毛做成的。看到我们这两个明显的东亚黄种人，他们其中一位冲着我朋友问道："Muslim（是穆斯林吗）？"

朋友对于除了中文之外的其他语言完全没有他对生意中的数字那种敏锐的感觉，所以见别人问他，朋友下意识地茫然点头。我赶紧把右手放到自己的心口处，面带笑容，微微低头，向值守人员行了一个穆斯林礼。值守人员

库姆圣陵——祷告

看我态度虔诚，毛掸子一挥，就放我们进去了。一般来说，只要访客是真心地带着对伊斯兰教的景仰和尊敬，他们通常也都会非常欢迎你进他们的清真寺。通过这种方式，他们希望能让访客了解他们的宗教。了解之后，也许访客从此便皈依伊斯兰教也未可知。

所谓圣陵，其实就是内藏陵墓的清真寺。里面的空间非常大，和清真寺的区别只不过是后者没有葬人而已。在踏进圣陵的瞬间，震撼之感如狂风般不期而至。与我在德黑兰古列斯坦王宫看到的一样，这里的穹顶和柱子竟然也全部是用镜片拼接出来的，且规模更大！圣陵之内，人头攒动，摩肩接踵，到处都是虔心跪拜祷告的信徒。

在或坐或跪于地的教徒们的一片祈祷声中，就来到了一个小厅的面前，里面硕大的金色之物，便是圣徒法蒂玛的棺椁。信徒们排着长队，依次挤到中间安放灵柩的地方触摸一下以求保佑和尊敬。我本来也想进去看看、摸摸，无奈举着长长的毛掸子的工作人员看到我手中的相机，把我挡在了外面。

在圣陵清真寺一番游览，与信徒们一起坐在地上感受它的凝重与庄严之后，我和朋友决定撤退。

我俩一起来到门口寄存鞋子的柜台，取了鞋子，各自在人群中低头弯腰穿鞋。等收拾停当，一站起身，竟然发现朋友不见了！难道朋友犯了人家的戒，让人给逮到哪儿去了吗？

情急之下，赶紧四下搜寻，无果。当时我的汗水就下来了。我的天，两人一起来的，他要是被抓了去，我上哪儿去救他？我该怎样去救他？那个时候，我的眼前不断地浮现出曾经一不留神看到过的ISIS恐怖组织砍头仪式的视频，以及种种血肉横飞的暴恐场面。朋友瘦弱的小身板儿，身材倒是有了，可经不住人家那如周星驰在电影《功夫》里所说的"沙包大的拳头"的那几下打啊！

在圣陵大门附近的人流中，我发了疯似的到处乱转，凡是看起来像东亚黄种男性的人，我都会冲过去亲眼确认一下。赶紧给他打电话吧，一摸裤兜又发现手机忘在车上没带下来。于是，在心急火燎地遍寻不着之后，便只好站在圣陵大门旁边的阴凉处等待。

等了十多分钟，感觉这样也不是办法。圣陵大门离我停车的地方，大约有十分钟步行路程。遂决定还是先回车上，拿到手机，再与朋友联系。

当我顶着烈日回到了停车场。一看，朋友正独自悠闲地坐在车里吹空调呢。此番一起游历，随车带着两把车钥匙，一人负责保管一把。刚才从圣陵出来，在人群中朋友没看到我，给我电话，我又没接，当时我也没法儿接，电话扔车上呢。对于语言不通、习俗不明的朋友来说，就算等在那里，也没法儿像我那样可以四下打探，故而索性就回到车上待着了。

第18章

卡尚的费恩花园，邂逅小昭

库姆的南边是卡尚（Kasan）。这一带的地貌以裸露的荒山戈壁为主，显得异常荒凉、贫瘠、干旱。炙热的太阳烘烤着大地，折射出一望无际的炫目土黄，只有在靠近水源的地方才偶现绿色。

伊朗中部地貌

卡尚城边民居

从地图上看，德黑兰—库姆—卡尚这一线，基本上就位于伊朗的腹地。就地理分布来说，库姆和卡尚有点儿相当于河南在中国的位置。从库姆到卡尚一共 111 千米，也就只收取了相当于不到 3 元钱人民币的路费而已，纯粹就是象征性地收费。一下高速路，便停在卡尚城边上的一家冷饮店休息，顺便也品尝一下当地的冰激凌。总体来说，伊朗的冰激凌算不上多么好，但有其特色，值得一试。

像卡尚这样的城市，在伊朗算是比较中等的。城区里面，布局凌乱；城乡结合部，则是一片狼藉。不过，不管怎么说，至少有一点是值得肯定的，在伊朗，天基本上都很蓝，没有雾霾，但同时也没有什么发展的机会。

对一个大国来说，没有谁是一开始发展就保持着蓝天白云的。当初的世界霸主英国不是，伦敦曾经别名雾都；今天的霸主美国也不是，美国也曾经饱受土地污染和水污染之害，其影响至今尚未完全消除。那边有人说了，新加坡呢？人家既有蓝天，又能挣钱！新加坡才多大？它才只需要为多少人口提供工作机会？而在像中国、印度、伊朗等这样的发展中国家，庞大的、没受过足够教育的农村劳动力，他们玩不来金融、IT那么高端的东西，便只能在血汗工厂就业，而这些工厂很难保证不会制造污染。

那么，到卡尚来干什么呢？在卡尚，有这么几个看点：

（1）费恩花园（Fin Garden）；

（2）卡尚大巴扎，以及位于卡尚大巴扎内的米尔扎·阿里汗（Kan Amin al-Dowleh Timche）驿站；

（3）塔巴塔巴依宅院（Khan-e Tabatabei）。

其中，（1）和（3）都是传统的波斯庭院，选择其一就可以了，没必要两个都看。而（2）的巴扎就是自由集市，每个城市都有，最壮观、最宏大的那个就是德黑兰大巴扎，卡尚这个巴扎并不特别出彩，故放弃。

所以，来到卡尚，我的目标就是——费恩花园。

进了卡尚城，很快就到了坐落在城市边缘上的费恩花园。在停车场把车停好，第一件事情是先找吃的。

费恩花园周边是典型的伊朗地貌，黄褐色的大地，树木与房屋都集中在人们居住和生活的地方。路边公共花园的人造林中，修有一条小小的沟渠，流水潺潺，孩子们嬉戏其间。

在费恩花园大门外不远处，有一家伊朗特色餐厅。一排排的就餐卧榻，就那么随意地摆放在餐厅的露天花园里，颇具伊朗特色。但此刻正值正午，外面温度极高，我们只能坐到室内去。

公共花园

这个世界上，最著名、也是最好吃的三大菜系，它们分别位于亚欧大陆的东部、西部、中部。东部那个不说大家伙儿都知道，那就是中国博大精深的中餐；大陆西部那个指的是法国菜；而大陆中部的著名菜系则是土耳其菜。在伊朗的历史上，远古强大的波斯帝国衰败之后，它先后遭到了阿拉伯人、突厥人、蒙古人的侵略和统治，因此伊朗菜受土耳其的突厥菜系影响较大，烧烤为主，放香料较多，味道浓郁。

伊朗餐厅

餐厅里的伊朗一家人

伊朗美女

进去之后，择座而安。旁边的卧榻上，还有两拨儿客人，都是地地道道的、不加修饰的生活中的伊朗人。

点好了菜，左右无事，那就和其他伊朗人聊天儿吧，那就到处走走看看拍照吧。聊完天儿、拍完照，各自归位坐好。旁边那一群家庭用餐的客人派了两个小男孩儿过来，他俩手中拿着一张纸，上面歪歪扭扭地写着几行英文。小哥儿俩照着纸上的英文结结巴巴地念道："我可以知道你的 facebook 吗？"

我不由莞尔，天底下发展中国家的父母，培养孩子的语言能力、锻炼孩子的胆量，都是一个套路啊。

在伊朗，一切都是慢悠悠的。等了半天，菜终于上来了。每人一份伊朗牛肉浓汤、一份伊朗烤肉、一些蔬菜、一份藏红花米饭，两个人花费 125 万里亚尔，折合人民币 240 元左右。

费恩花园并非俗物，它是联合国教科文组织评选出来的世界文化遗产。饶是如此，门票也只不过是区区 15 万里亚尔而已，大致相当于不到 29 元人

我的伊朗午餐

民币。放眼世界上的主要旅游国家，就门票而言，中国的最贵，以至于现在就有了一种说法——富人有钱，扛得住宰，才玩国内；穷人就只有去国外玩了，门票便宜，各种价格规范。

费恩花园距离卡尚市区约 6 千米，波斯语发音为 Bagh-e Fin，它是伊朗现存最古老的传统波斯园林，因旁边一个叫 Fin 的村庄而得名，曾经是国王的行宫。费恩花园最早修建于萨非王朝早期的 1590 年，是为国王阿拔斯一世设计的，这个具有 500 多年历史的王室园林，是伊朗同类庭院中保存最为完好的一座古代园林。

说起来还是不太明白费恩花园当年到底具有一个什么样的地位？给一个类比，您一下就能知道了。费恩花园就相当于中国的颐和园、圆明园，或者承德的避暑山庄，是王室的一个行宫而已。只不过相对于中国的皇室来说，古代的波斯比较穷，它的王室庭院无论是气势还是规模，抑或是奢侈的程度，都远远无法和中国的王朝相比。

费恩花园完美地向我们诠释了一个经典的、传统的波斯庭院是什么样子。波斯庭院以院中的十字形水渠为典型的布局模式，封闭建筑环绕四周，与水流循环系统相结合，再配以富有精美细密、色彩浓郁的建筑图案。在后来相对较晚的时期，古波斯园林与古巴比伦园林相结合，孕育出了独具特色的阿拉伯园林。

费恩花园占地 2.3 公顷，中间有一个大大的院子，四周被圆塔包围，花园的主体是各类水池和喷泉，一直以其自然喷泉而受到称赞。水源来自附近半山腰的苏莱曼尼亚山泉，通过坎儿井引入庭院，独特的水利系统使得花园不用任何人力即可让山泉流入水池，并灌溉园内植物。

由于卡尚地处沙漠边缘地带，因此费恩花园中一年四季喷涌不断的泉水显得尤为珍贵，使之成为庭院的一大特色。加上园内树木葱翠，绿草如茵，在带给人们愉悦心情的同时，也会引发人们的思古之幽情。

庭院内青葱的树木、碧绿的草地、蓝色的浴池、具有历史韵味的建筑和高高的城墙使其成为伊朗最值得观赏的花园之一。费恩花园内种植有多种果树，如苹果树、樱桃树、李树等，此外，还有百合、野蔷薇、玫瑰、茉莉、紫罗兰、水仙、郁金香等色彩艳丽的花儿。

费恩花园大门

费恩花园庭院

园内建筑包括正门、围墙、浴室和阿拔斯一世的私人宅邸、博物馆等，还有萨非时代以及卡扎尔王朝时代修建的皇宫建筑。

花园内有一个叫作费恩浴池（Fin Bath）的地方，曾经发生过一场著名的政治凶杀案。说起来，那是在1848年了，当时面对西方殖民者的侵略压力，主张推行改革的首相米尔·卡比尔（Amir Kabir）因侵犯王权、贵族的利益，被囚禁在花园中，并于1852年在其中一间浴室里遭娜萨瑞丁·沙国王的刺客暗杀。在那个年代，这样的悲剧在欧洲列强之外的国家频繁发生。一边是蜂拥而来的残暴而贪婪的西方殖民者，另一边则是腐朽、麻木、自私、愚昧的古老帝国，抱残守缺、墨守成规，最终沦为殖民地、半殖民地。

在一个高大的挑空穹顶大殿之下，清凉的泉水顺着沟渠静悄悄地流淌。在我旁边不远处的沟渠边上，一个美丽的伊朗女孩儿席地而坐。她脱了鞋，把一双脚放在流水中泡着。见我在看她，女孩儿亦羞涩地数度抬头冲我微笑，却始终一言不发。

这个美丽的伊朗女孩儿让我想起了金庸《倚天屠龙记》里那位来自波斯的姑娘小昭。于是，我朝她举了举相机，意思是"我可以拍摄你不？"女孩儿赧然而笑，垂下头去，算是默许了。拍了之后，扭头四下一观察，发现在女孩儿背后光线相对比较阴暗的台阶上，坐着一位虎视眈眈的伊朗老人，看起来像是她爹。这位严厉的老人一直面无表情地盯着我，监视着我，似乎时刻都在提防着他女儿可能会与我产生的一切哪怕是在正常的世界中正常到不能再正常的联系。

既然这样，我用微笑融化你。终于，架不住我一直冲他点头微笑，他的表情稍稍缓和了一点儿，趁此良机，我赶紧拍下了他的照片。

费恩花园里女孩

第19章

奥比扬奈，波斯文化活化石

在伊朗中部卡尔卡斯山脉的一个山谷内，有一个具有2000多年历史的村庄，那就是被誉为波斯文化活化石的奥比扬奈村（Abyaneh Village）。

伊朗中部有着典型的高原干旱地貌，放眼看去，延绵起伏的山峦一片黄褐色，偶尔能看到一些绿色植物。哪怕是在像我这样的农业外行眼中看来，这样的土地干旱而又贫瘠，也实在是没有多大的生产力。如果伊朗人的祖先就生活和劳作在这样的地方，那么他们的日子一定很艰辛。站在这样的大地上，也许就能理解，为什么波斯古代国王的宫殿，都修得那么小气。在农耕时代，这里的老百姓太穷，统治者拼上了老命也榨不了几两油啊！

从卡尚到奥比扬奈村只有80多千米。奥比扬奈村在大山里面，所以我开车走了一段高速路之后，便离开主道，进入乡村公路。就算是乡村公路，除了狭窄一点儿，修得也是相当不错。但时常会在路边看到的那些限速路牌，却让我很是困惑。

伊朗并不是一个像德国日耳曼人那样对精准有着某种执着追求的民族。在当下这个以科技为第一生产力的时代，那为数不多的几个从骨子里追求精准的民族，如德国、日本，都发达了。但你看伊朗人在路边立着的限速牌，什么85、95的，居然带着零头。伊朗人做事情其实很粗糙，不精致，并且在他们的公路上，汽车横冲直撞、毫无章法，可他们居然在限速牌上标志85、95这样的零头数字，这就相当于统计数据要达到小数点之后若干位那种诉求，那么这到底是给谁看的呢？也许在某种程度上，就是煞有介事地糊弄自己吧。

对一个人来说，性格决定命运；对一个民族来说，民族性决定命运。所以，如果不对传统的民族性加以修正和改革的话，那么这种沉沦还将继续，无论制裁与否。

连绵不断的卡尔卡斯山脉坐落在伊朗中部山区，古老的奥比扬奈村便位于山脉的南部。我在包括伊朗在内的亚欧大陆各国驾车时所用的GPS地图，是世界上最大的GPS生产厂商提供的正版导航地图。饶是如此，在伊朗驾驶的过程中，导航地图也多次在细节上出现错误。当然，这种错误是可以理解的，毕竟伊朗已经很久很久没有对外开放了，关于这个国家的方方面面，外界所知甚少。因此，那天在去往奥比扬奈村的路上，一接近山区，GPS地图指示就有点儿乱了。然后，沿着卡尔卡斯山缘边上一条质量上乘的柏油公路

乡村公路

一阵疾驶，就来到了一个戒备森严的大门前，那里有荷枪实弹的卫兵把守。我凭着多年游荡的经验，一下子就感觉到了那个地方的空气中弥漫着某种危险的气味。哪儿还敢拍照，还是赶紧地离开吧！

原路返回。荒漠上几乎看不到人，又走了很远，才在一个小小的乡村加油站向工作人员打听到了去往奥比扬奈村的路径。

后来回想起来，那天误打误撞去到的那道大门，里面应该就是伊朗核基地了。实际上，这座位于卡尚市和纳坦兹市之间的卡尔卡斯山，在国际新闻中赫赫有名。在其山脚之下，有著名的伊朗纳坦兹地下核设施。也许，正因为那里是伊朗神秘的核禁区，那一带应当是伊朗的国之重地，才会造成磁场过强，以至于我的 GPS 导航信息出现混乱与误差。据说，核设施内部布局复杂、隐秘，如同迷宫一般，不同部门的人在不同地区办公，没有特殊的示意图，就连内部人员也会迷路。根据以往的惯例，我们有充分理由相信，如果有一天美国或以色列与伊朗开战，那么这个核基地很有可能就是美国或以色列首要摧毁的目标之一。

顺便提一句，从核设施往北大约 30 千米的群山中，还有两个美丽的小镇——Gamsar 和 Niasar，伊朗著名的玫瑰水就产自那两个小镇。

下午 5 点，我驾车接近了奥比扬奈村。这里的村民拦路收费，每车 10 万里亚尔（折合约 19 元人民币）。

奥比扬奈老村子位于山涧小溪边上，四周是令人心醉的静谧。夕阳西下，这里的一切都沐于一片暖暖的色调之中。这让我意识到，又有一段美好的时光在等待着我。

在村头的坡顶上，有一家三星级酒店。这是当地最好的住宿了，专为游客而建，每晚 40 美元。那就住这儿吧。酒店内部的装饰，很传统、很波斯风，这让我感觉很是满意。伊朗山区的夜晚，空气清新，一点儿噪声都没有，安静得只能听见自己的心跳。唯一的遗憾是买不到酒。

酒店房间的窗外，是静谧的山涧，奥比扬奈村就躲在那里。

在奥比扬奈村的村口，有可供游客品尝的露天咖啡馆。这表明，在当今这个全球一体化的时代，哪怕是这样一个波斯文化活化石，也无法将自己真正地藏在深山，封闭起来。

走进奥比扬奈村,一排排的红色砖土建筑便映入眼帘,这是因为建造房屋的质材直接取自当地的红色黏土。从帕提亚时期就有人居住的奥比扬奈村,由于地理位置偏僻且自然条件恶劣,居民们曾长期与世隔绝。尤其值得一提的是,直到今天,当地村民仍在使用古老的巴列维语,并执守着古老的波斯习俗,这在伊朗其他地区非常罕见,因而奥比扬奈被称作伊朗文化的活化石。而村民的着装与伊朗其他地区也大不相同:女人大多戴着花头巾并穿着宽松的裙子,看上去色彩斑斓;男人所穿的硕大的大灯笼裤甚至比著名的库尔德人穿的灯笼裤还要宽松。

虽然这种宁静的生活方式已经持续了十几个世纪,不过现在要想在村子里面看到穿着传统服饰的年轻的姑娘和小伙子,那基本上是不可能了。社会在发展,历史在进步,古老的波斯也以飞快的速度力图尽可能快地融入现代社会,而现代社会最显著的特点之一就是同质化。

奥比扬奈村的酒店

奥比扬奈村红色建筑

奥比扬奈村纪念品商店

奥比扬奈村花衣老人 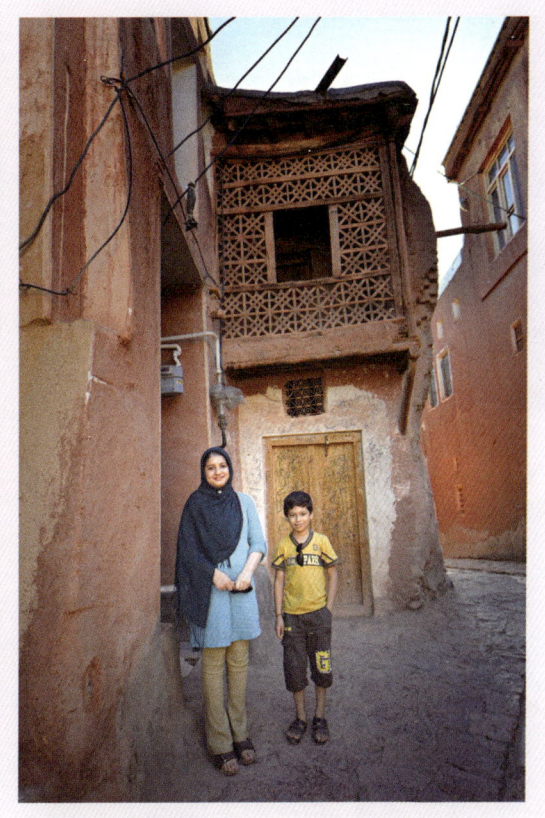　　　　　　　　　奥比扬奈村姐弟俩

　　村里的纪念品商店，没什么特别的东西。当然，要想在旅游商店里面找到独具特色的纪念品，本来就不是一件容易的事情。不过，奥比扬奈所在的山谷盛产苹果，由于没有相应的储存设施，村民传统上喜欢把苹果制成苹果干，游客们可以买一些尝尝。

　　我们在小巷之中，慢慢攀爬。四野宁静，只有"橐橐"的脚步声回荡在纯净到极点的空气之中。村里游客不多，偶尔能邂逅一二。走在村子的小路上，不时能看到老奶奶们坐在自家门口望着游人们微笑，或闲坐聊天儿，或步履匆匆。门窗雕刻得十分精美。老人们聚在一起喁喁聊天儿。

　　从理论上说，各地的建筑风格都是当地人适应自然的产物。村子的旁边是一条流淌了数千年的小溪，小溪的对面是荒凉的山梁，那里有一座被遗弃的古老城堡。村子紧靠陡峭的山坡而建，一栋栋房子层叠在山坡中，走在村

奥比扬奈村阳台

奥比扬奈村波斯式大门

子里实际上就是爬坡上坎，颇有一点儿重庆山城的感觉。不过，这样的艰辛，对生活在这里的人们来说似乎已经习以为常了。

走在这个古老村庄狭小的巷子深处，和这里的村民擦肩而过，总有一种让人能超越时空，去感受古老波斯文化的气息。站在村庄的高处，看着土黄与绿色相间的田野，蓝色的清真寺，2000多年来，无论外界如何变化，奥比扬奈的村民一直居住在大山深处，一代又一代地默默固守着祖先的传统。

在奥比扬奈村，过去的房子大门两边的门环并不是对称的。女客人敲右边的圆环，而男客人则敲左边的长棒，圆环的敲门声清脆，而长棒的敲门声低沉，这样主人就可以知道来客的性别了。不过现在很多房子都年久失修，很多大门的门环都坏掉了。

村子里面，经常会看到一些小院的门前，甚至小巷里的电线杆上挂着许多年轻人的照片，那是怎么回事儿呢？实际上，这种现象并非奥比扬奈村所独有，像这样把男人（主要是年轻人）的照片挂在墙上、电线杆上的情况，在伊朗比比皆是。

答案很简单，那些照片上的年轻人都是在曾经的两伊战争中为国捐躯的军人。以这样的方式,伊朗民众向牺牲的战士们表达深深的怀念和最高的敬意。

当年两伊战争,在不差钱、不差人、不差资源的情况下,大战十年硬是打不过比其国力相对要弱小不少的伊拉克。当然,伊拉克也不怎么样,两伊战争,就是一场比烂的战争。

再往大处看,中东、北非的伊斯兰地区,拥有四五亿人口,拥有世界上最富裕的石油产出,武器、狂热都不缺,可是他们竟然就拿只有四五百万人口的小小的以色列没办法。

奥比扬奈村村口

奥比扬奈村村口

第20章

亚兹德，拜火教最后的据点

在广袤的亚欧大陆上，气候适宜、肥沃多产的地盘，一片在东亚，属于中国的版图；另一片在大陆的西边，属于欧洲的版图。而中东一带，缺乏水源，以沙漠为主，如果没有石油，伊朗以及一大批阿拉伯国家，恐怕谁也不会过多地去关注它们。从另一个角度来看，在石油采完之前，或者在人类找到石油的替代品之前，如果中东石油国家还没有华丽转身，还没有找到新的、行之有效的谋生之道，当有一天世界不再需要石油这种能源，摆在中东人面前的路会是什么呢？

最近，国际上对伊朗的制裁有所放松。在可以预期的时间里，随着伊朗石油洪水般地涌向国际市场，国际油价又将下跌。如何才能将低迷的油价拉回高位？一靠扩大需求，但现在世界经济不振，能源用量大减，在可以预期的日子里，此路前景不妙；二靠石油输出国家自我约束，控制产量，减少供给。不幸的是，这两条现在都无法办到。伊朗被封锁已久，今天最缺的是什么？外汇！所以，伊朗相关部门的高官已经公开宣布，一旦可以向国际市场销售原油，伊朗是不会为了维持石油价格而限制产量和出口量的。被封锁的那些年，砸在手里的石油多得要命，一下子有机会卖了，还会跟您客气？

离开奥比扬奈村，我们继续依循山路，南下420千米之外的伊朗另一座著名古城——亚兹德（Yazd）。

伊朗中部山区

  亚兹德的那家挺不错的酒店将自己深深地藏在高高的泥土色围墙之后。从墙角一个狭窄的小门进去，就是酒店的大堂。迎接我们的是一对会说波斯语的迎宾鹦鹉，当然我们并没听懂鹦鹉们在说什么；还有就是一位身高不到1米的25岁的小伙子，他的名字叫阿拉什，英文说得不错。几乎来这里的每一位客人都会和他聊上几句，然后再合影留念。通过这种方式，阿拉什能挣不少小费。

  酒店的前身，是一个大户人家的庭院，其建筑布局具有典型而浓郁的波斯风情，门厅不大，但进去之后空间却不小，别有洞天。房价一个标间244万里亚尔（约470元人民币）。

  把车子从后门开进酒店后院里停放好，取了行李，穿过酒店的花园去往房间。前面介绍过，波斯庭院最具看点的特色就是在院子中间种植花木、布置水渠。某种意义上，水渠是波斯庭院必备之物。一个重要的原因就是，那地方缺水，所以水才显得珍贵。只有富贵人家才有那个财力引一汪清水在自家院子的小水渠里不断地流着。一般老百姓的房子就没有那种条件，显得非常破旧寒碜。

  庭院四周是住房。每一个门洞进去，就是两套房间。房间内是拱顶，冬

亚兹德的伊朗酒店大堂　　　　　　　　　　笔者与阿拉什合影

暖夏凉，很是适应当地的气候。房顶是平台，在那里可以眺望亚兹德这座古老的城市。

　　亚兹德，伊朗中部城市，亚兹德省省会。该城在库姆—扎黑丹铁路线上，位于山间盆地中，希尔山东北麓，海拔1240米。亚兹德地处戈壁深处、沙漠边缘，被称为"地球上最古老的人类居住的城市"。古老的传统和偏居一隅的地理位置，让这里相对封闭，也相对保守，没有大城市的浪漫与开朗。也许，正是因为这种安静、朴素又略带乡土气息的独特的氛围，亚兹德才吸引着世界各地的人们前来此地。

　　如果您读过金庸的武侠小说《倚天屠龙记》，那么您一定知道，书中所描述的明教，起源于波斯，在伊朗被称为拜火教（中国史称祆教、火祆教）。拜火教是2500年前波斯的国教。1300年前，波斯被阿拉伯人征服，才被迫皈依伊斯兰教。现如今，伊斯兰教已然成为伊朗的国教，信奉拜火教的人已经很少了。而这为数极少、硕果仅存的拜火教信徒中的大多数就居住在亚兹德地区。在此意义上，我们可以将亚兹德看成拜火教最后的据点。

　　我的第一个目标是去亚兹德城外的寂寞塔（Towers of Silence），波斯语发音为Dakhma。

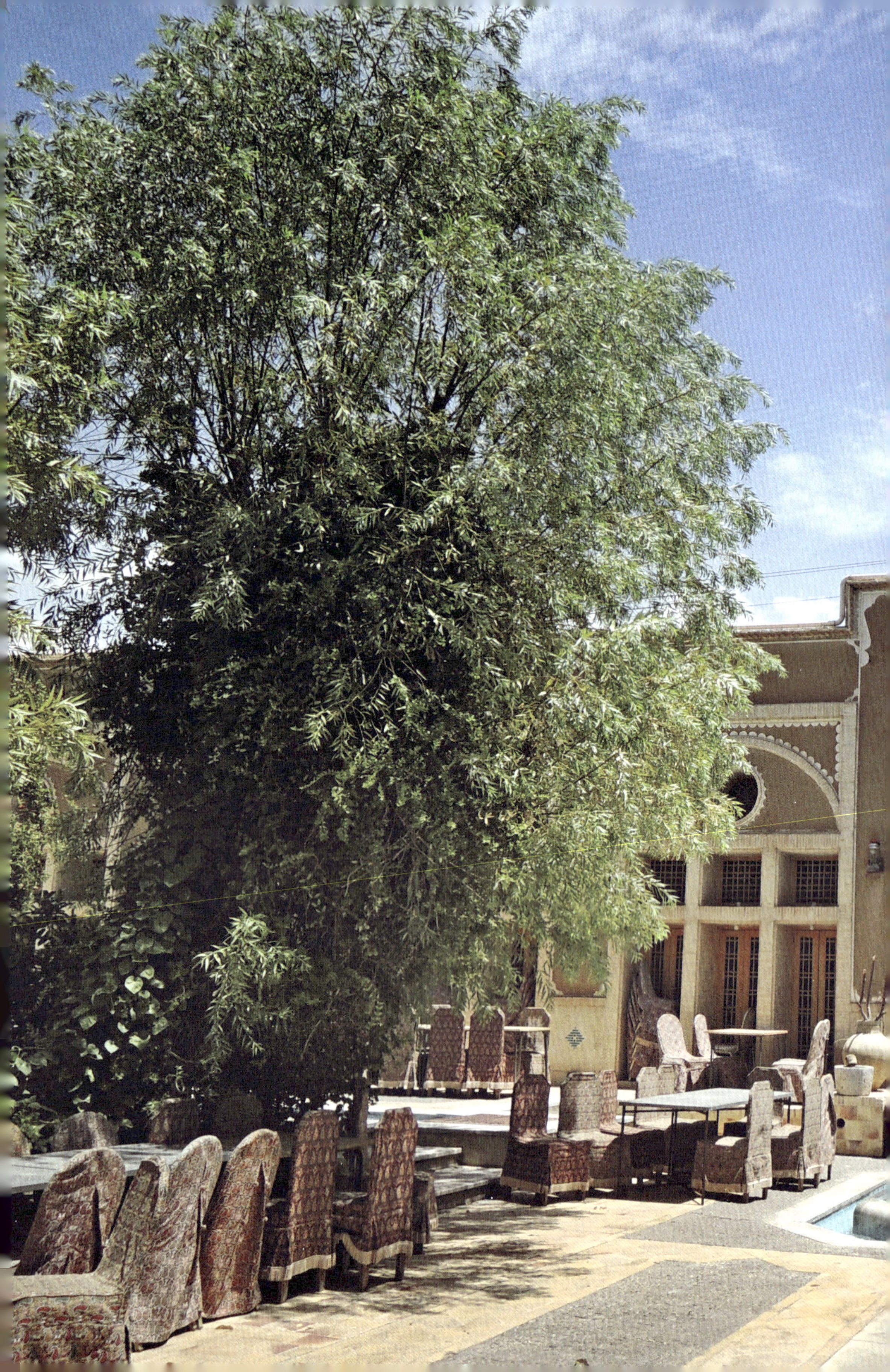

酒店庭院

寂寞塔位于亚兹德市南郊，是著名的拜火教遗迹，古时用作教徒的墓地。寂寞塔由两个坐落于小山峰上的砖石建筑构成，看上去像两个又短又粗的烟囱。爬上去就能看到，顶部其实是实心的，在中间有个小洞。如果想要知道它有多深，最简单的办法就是扔一块小石子下去，悠长的坠地时间就表明了它的深度。这里其实就是拜火教教徒过去进行天葬的场所，秃鹫吃剩的人骨被天葬师归拢倒入中间的小洞。

作为天葬之处，这两座寂寞塔自20世纪60年代以后就已停止使用，天葬在伊朗已几乎绝迹。山脚有个墓地，保留了拜火教教徒除天葬外的传统丧葬习俗，如果付上一定费用，守墓人会很乐意让你参观并了解他们的文化。

在寂寞塔脚下的建筑物旁边，立着几个塔柱状的东西。实际上，在酒店的屋顶，甚至在整个亚兹德，这种塔柱状玩意儿到处都是。它到底是波斯人拿来干什么的呢？

这便是著名的亚兹德的风塔（Badgjr）。每一个地区的建筑，都是当地独特的自然环境和风土人情的必然的、最佳的产物。在亚兹德的老城区，一大

亚兹德寂寞塔

看点是密密麻麻的风塔，这既是当地最有特色的建筑，又是亚兹德人特有的"空调"系统，故亚兹德又被称为"风塔之城"。

　　风塔，是建筑物顶部用来通风降温的一种设计。亚兹德全城的房屋大多由土坯泥砖筑成，外附泥浆，上有风塔。风塔分成两部分，超过屋顶的部分四面镂空，无论风来自何方，风力多么微弱，都会被引进风塔之中，并透过室内外温差产生的压力将气流循环到室内。风塔的室内部分是悬空的，下面建有一个水池，热风经过塔身降温——塔身越长，降温效果越好——吹到屋内水池上再次降温之后飘散到各个房间，让主人享受着酷暑中的阵阵清爽。在清真寺、澡堂等公共场所，往往有多座风塔共同构成"中央空调系统"。风塔越高大，收集的气流越多，风量就越大，自然冷却效果就越好。不用空调，不用高科技，绿色环保的制冷换气系统竟如此简单，古人之奇思妙想令现代人不得不佩服。

　　风经过风塔的冷却，到了室内，要经过的那个地下水池，是如何引来水源的呢？答案是坎儿井，一种由当地居民开发的地下水渠系统，波斯语称为 Ghanat。就气温而言，伊朗地面上非常不适合人类居住，太热。但古代波斯人通过地下的

亚兹德风塔

坎儿井和地面的风塔，成功地为自己寻找到了最适合的生存方式。

亚兹德另一个值得推荐的地方就是亚兹德聚礼清真寺，波斯语发音为 Masjed-e Jameh，典型的伊朗安扎利风格建筑。这座清真寺之所以出名，还在于它是伊朗面额 200 里亚尔纸币背面的图案。

亚兹德聚礼清真寺始建于 12 世纪，后于 14 世纪和 19 世纪进行过大规模翻修。两座 48 米高的宣礼塔是伊朗所有清真寺中最高的。由于保存完好，该清真寺各部分均可清晰地看出是在不同时代完成的。

进入主庭院，东面的清真寺是前塞尔柱克突厥时期建造的，南面则是 14 世纪的建筑，西面最精美的主入口建筑是十八九世纪的作品，它和清真寺穹顶的马赛克装饰都做工复杂、精致，看后让人非常震撼。

游牧民族阿拉伯人虽然创立了伊斯兰教，但他们并不擅长建造宏大的清真寺。今天，人们在中东、中亚等伊斯兰地区看到的那些古老而精美的清真寺基本上都是由波斯人设计、建造的。在建造的时候，信奉拜火教的波斯人，把鲜艳的火光变成一朵朵鲜艳的花朵，刻画在清真寺的外墙上，用这样一种方式，默默地抵抗着外族文化的侵略。

聚礼清真寺位于亚兹德城市的中心地带，紧挨着亚兹德大巴扎。不过，我们去的那一天，大巴扎没有开业。

欣赏完亚兹德聚礼清真寺，驱车一千米左右，穿过古朴的城区，就到了亚兹德城中心地带的另一处著名景点——阿米尔乔赫马克建筑群（Amir Chakhmaq Complex）。

阿米尔乔赫马克建筑群，波斯语发音为 Amir Chakhmaq，包括三层楼高的乔赫马克清真寺、广场、市集和水池。这种成比例的两边矮、中间高的牌坊式清真寺建筑在伊朗比较少见，在夜景或夕阳西下时最为漂亮。

在我的计划中，登上阿米尔乔赫马克建筑群那高高的牌坊，就可以俯瞰到遍布亚兹德老城的风塔。不料在我去的那段时间，牌坊正在封闭维修，不对外开放。于是，我不得不在亚兹德一番暴走，到处打听在哪里可以登上某个建筑的高处，以便能够俯瞰到亚兹德的风塔。而我的朋友并不像我那样对那些奇妙的东西那么着迷，当然也可能是因为天气太热，所以便找了一个阴凉处的水果摊贩前坐下吃瓜，一边乘凉一边等我独自去折腾。

亚兹德聚礼清真寺

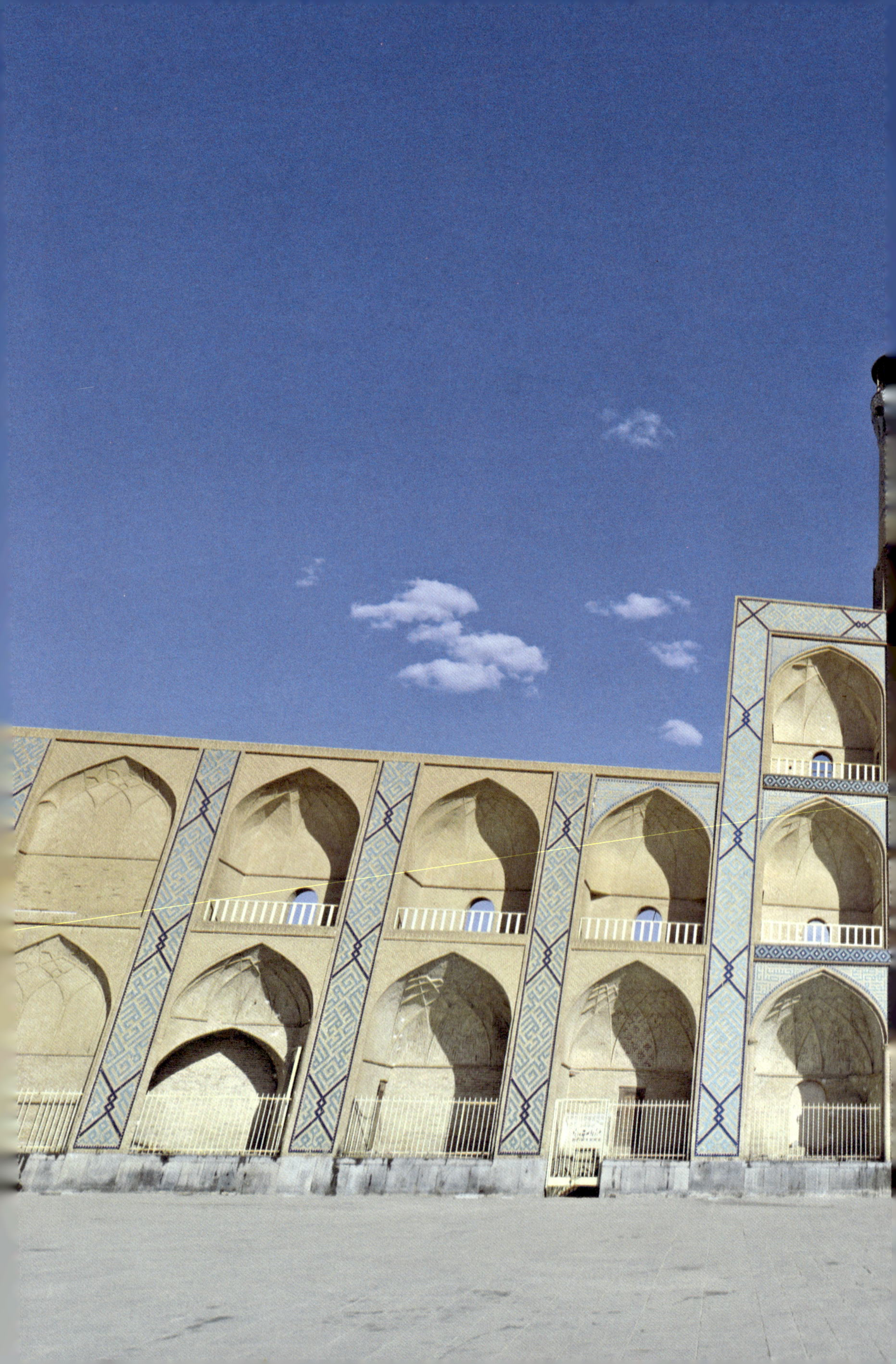

亚兹德阿米尔乔赫马克建筑群

然后，就碰见一个当地小男孩儿，十二三岁的样子。他会说一些英文，一直屁颠儿屁颠儿地跟着我走。不停地问我从哪里来，要到哪里去，结婚没有，有孩子没有，做什么工作的。貌似他能想到的问题，都拿来问了我一个遍。

最后，当我沿街打听之后，沮丧地发现没有一个高点可供我欣赏风塔。天色渐晚，我准备回去了。在与男孩儿告别的时候，他忽然说："你应该给我一点儿钱。"

我愣了一下，问："为什么呢？"

他说："我给你当了导游啊。"

这时，我认真地观察了一下，男孩儿的T恤有点儿脏，有点儿旧，也有一点点破。很明显，这是一个来自穷人家的孩子。我又问："你在哪里学到的英语呢？"

"学校里教的。"

"可是别的孩子也学了，却不能像你这样与外国人一起交流。你的学习应该挺棒的吧？"在得到他肯定的回答之后，我着实犹豫了一下。来自贫寒家庭的上进男孩儿，这个理由难道还不足以让我就像曾经那些帮助过我的人那样帮助他一下吗？但旋即我便否定了自己的想法。我说："不行，我不能无缘无故给你钱，这对你并不好。你是知道的，我希望找到一个能够让我从高处欣赏到亚兹德风塔的地方，但你却并没有试图在这一点上帮到我。我们都想要钱，但我们必须首先要付出，你说对吗？"

男孩儿耸了耸肩，虽然面露失望，但再也没说什么。

我希望他能真正明白我的意思。

在亚兹德那家波斯风情的酒店里，听酒店的人说，晚上在后院会有露天咖啡屋供客人享受。

于是，天黑之后，和朋友一起兴冲冲地直奔酒店咖啡屋。伊朗的天气真的非常炎热，哪怕是晚上，室外气温仍然很高。

酒店后院树林中摆放着传统的波斯卧榻，空中拉着细细的小管，喷着水雾给客人降温。虽然不能喝酒，也没有酒卖，且伊朗人都穿戴厚实，但人们仍然兴致勃勃地聚在一起，神吹海侃。

亚兹德街景

亚兹德建筑

我和朋友旁边的那张卧榻上，坐着一家四口——一位伊朗老爷子带着三个中年老婆。本想和老爷子聊聊，听拥有三个老婆的他来谈谈感想，不料老爷子对我是爱理不理。算了，不聊了，哥们儿自娱自乐。

那么，都吃喝些啥呢？很简单，各种鲜榨果汁儿、各种咖啡、各种茶、各种水果、各种沙拉，都淡出鸟来了，价格还很贵。

酒店咖啡屋的饮料和水果

第21章

波斯波利斯就是伊朗的象征

伊朗高速路你来我往的道路是分开的，各走各的，中间没有隔离带，也不需要，因为往来的两条道路之间，相距有30~50米的距离。但很多伊朗人开车，却是十分野蛮，基本上是视规矩为他们人性发挥之最大障碍。压线行驶那是经常的、必须的事情。有一次，前面那个车慢悠悠地压在超车道与行车道之间的那条线上。我准备超车，便按了喇叭提醒他回到他自己的行车道上去。谁知那位伊朗驾驶员探头出来看了我一眼，不耐烦地伸手出窗挥了挥，那意思是——你那边超车道足够宽，你要超车你就超，按什么喇叭？竟然就是不让我。这样的事情并非个案，它至少表明了许多伊朗人心中没有一种对现代文明规则的敬畏感。这也是我认为伊朗即使解除制裁之后，前景也不一定就一片光明的重要原因之一了：现代工业文明的精髓就是规则，而很多很多的伊朗人骨子里还是游牧民族的习性……

在从亚兹德南下波斯波利斯和设拉子的途中，午餐就只能在路边的餐馆解决了。传统的伊朗餐馆，人们盘腿坐在卧榻之上。卧榻既是吃饭的场所，也是喝饮料、抽水烟、聊天儿的地方。

从那家餐厅出来的时候，在路边看到了一个老式信箱。这个东西，无论走到世界上哪个角落，只要看到，都要拍一个。在收集到至少500个以上的时候，我就要写一篇关于传统信箱的小文。

离开餐厅，没走几步路就来到了路边一个废弃的火车站。这样一个破旧的火车站，也是被当地当成旅游景点的。证据就是旁边立着的那块褐色的牌

子，上面写着英文的××火车站。这种颜色的牌子，在全世界几乎所有国家，都喻指着文物景点。

从亚兹德到南边的设拉子（Shiraz），450千米左右。但我先要去的，是设拉子旁边的另一个著名古迹——波斯波利斯（Persepolis）。

伊朗中部那荒芜的大地不仅看起来热，实际上也热得要命。开着车的时候有空调，而停车出去欣赏风景时，如果忘了把挂在前挡风玻璃前的GPS导航仪取下来放到阴凉的地方，待会儿一上来，那GPS就会因太阳直晒、温度过高而无法启动了。要是没有GPS导航仪，那在国外的自驾就惨了。实际上，停车时，GPS被暴晒后无法启动的情况，发生过一次。当时的解决办法就是把导航仪抵在空调出风口的面前，一阵狂吹。降温之后，便勉强打开了。

快到波斯波利斯的时候，公路沿着峡谷逶迤而行。两旁光秃秃的高山，石层裸露在外，一看就知那是典型的断层山地貌，它产生于伊朗高原隆起的时代。峡谷中有一条小河，于是就有了绿色植物，还有不少的村庄。但是，稍有常识的人都会看得出来，这种地方的农业，是不太可能搞好的。亏了上天给了中东的阿拉伯人和伊朗人石油啊，否则真的就是一个惨字！

来去分开的高速公路

伊朗餐厅

废弃的火车站

路边摆摊的村民，卖的是当地的瓜果。一般来说，我的朋友没有我那么大的好奇心，不是每一个地方他都会下车来看，尤其是这种很热的乡村，他就更是愿意待在空调很足的车上。看到我独自下车过去，粗壮的伊朗汉子就围了上来。先是对我表示好奇，而当我什么都没买就准备离开的时候，其中就有两个人拉着我不让走，非要我去他们摊子前看看。于是，我不得不大声怒吼，并用力摆脱他们，快步迅速回到车上。不过，不要被这个场景误导。一般来说，在伊朗的乡下行走还是安全的，但也不排除极端情况下个别的无赖、骗子，甚至暴徒。

　　在下午两点的时候，就到了位于设拉子东北51千米的波斯波利斯。

　　径直走到购票窗口，我把钱递进去，一边伸出两个指头比画，用英语说要买两张票。收银员看了看钱，一声不吭就撕票、补钱。我拿回票与找补的钱后，不做他想，顺手递给一路上负责管理共同的开支与账目的朋友，便转身兴冲冲地朝着那壮丽的波斯波利斯老城而去。

　　那边朋友一点钱，发现数目不对，赶紧追上来叫住我，说收银员似乎多收了一个人的钱。一数，还真是。于是就回去找那个人理论。收银员瘦瘦的，30多岁的样子，脸上的胡须刮得光溜溜的。见我找

山谷

羊群

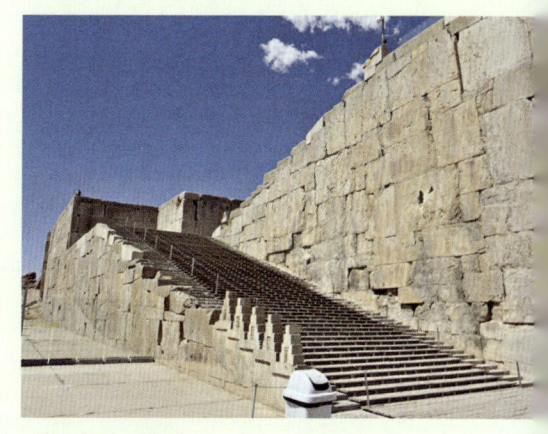

波斯波利斯台阶

他，他倒是不赖账，也没有说"钱票已经两清，回头概不负责"之类的话。他一边挤眉弄眼、耸肩摇头地把多收的票钱退还给我，一边嘟嘟哝哝地解释说："不好意思，看错了，多算了一个人的钱出来。"这怎么可能？即使真的看错了，多收一个人的钱，就该多给一张票。哪儿有只收钱不给票的"看错"法？

于是就想起了曾经在国内某媒体上看到过的中国游客对伊朗旅游的评述，说在伊朗经常会碰到骗子，但中国人不用担心，因为伊朗街头的骗术极其低劣。

如果说长城是中国的符号、泰姬陵是印度的国宝、金字塔是埃及的骄傲，那么波斯波利斯则是伊朗的象征。

在2500多年前古波斯帝国全盛时期，波斯波利斯曾是一座金碧辉煌、雄伟壮丽的宫院。Persepolis这个词源于希腊语。在希腊语里面，polis和英文中的palace意思相同。合并起来，Persepolis就是perse palace，意为"波斯宫殿"。

波斯波利斯位于设拉子东北51千米处一座当地人称为"善心山"（Mountain of Mercy）的山脚之下，坐落于伊朗扎格罗斯山区的一个盆地中。建于大流士王（公元前522—前486年在位）时期，其遗址发现于设拉子东北52千米的塔赫特贾姆希德附近。东临库拉马特山，其余三面是城墙，城墙依山势而高度不同。

波斯波利斯建造的时候，正是中国的春秋时期。当然，咱们已经几乎没有什么春秋时代的遗迹存留下来了，对我们的孩子来说，历史基本上都只是存在于书本中。

城内王宫建于石头台基上，主要建筑物包括大会厅、觐见厅、宫殿、宝库、储藏室等。全部建筑用暗灰色大石块建成，外表常饰以大理石。王宫西城墙北端有两处庞大的石头阶梯，其东边是国王薛西斯所建的四方之门。

波斯波利斯大会厅在城市中部西侧，边长83米，中央大厅和门厅用72根高20余米的大石柱支撑。觐见厅在城市中部偏东，是有名的"百柱厅"。城西南角为阿尔塔薛西斯一世和薛西斯一世的王宫，东南角是宝库和营房。城中出土文物有浮雕、圆雕、石碑、金饰物、印章和泥板文书等。

墙上的这些波斯浮雕，很久很久以前的童年时代，我就曾经在当时国内出版的为数不多的几本世界史图书中看到过。实际上，只要是讲述波斯历史，就少不了这些浮雕影画做证。那些精美的画面细腻地描述了在波斯帝国全盛时期，周边万邦来朝、八方进贡的盛况。

公元前330年，来自希腊马其顿王国的亚历山大大帝攻占了这里，在疯狂掠夺后整个宫殿被付之一炬，那些用黎巴嫩雪松制作的精美圆柱、柱头和横梁都随着大火灰飞烟灭，留下的只有石柱、石基、柱头。

这个伟大的宫殿，波斯语原本叫作"塔赫特贾姆希德"，意思是贾姆希德的王座，贾姆希德是古波斯神话中王的名字。而自从此地被亚历山大大帝占领之后，一个新的希腊语名字"波斯波利斯"开始载入史册。

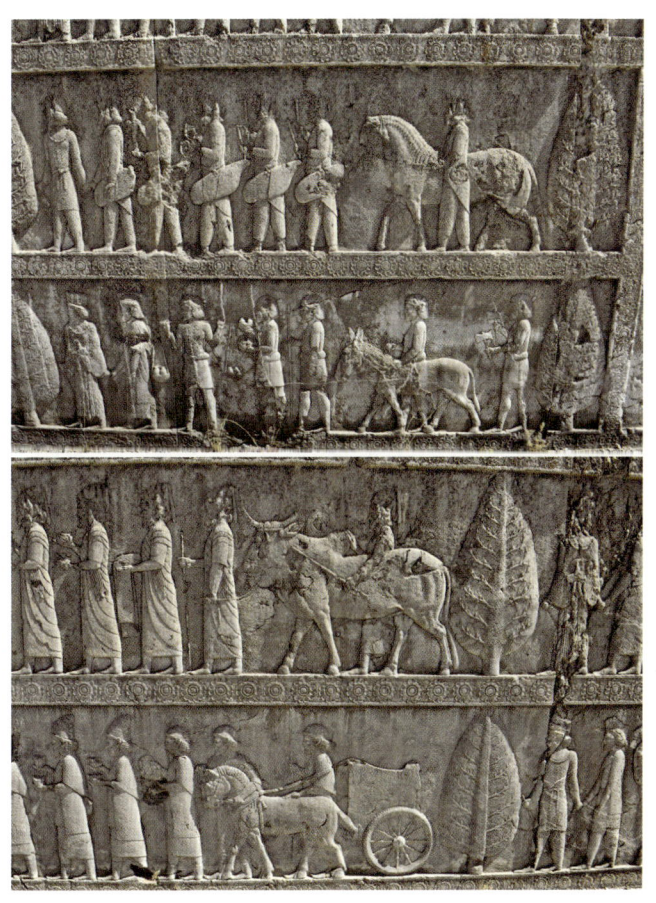

波斯波利斯浮雕

波斯波利斯石柱

波斯波利斯石雕

波斯波利斯浮雕

那么，古波斯建筑最具特色的风格是什么呢？据说，支撑横梁的双头马，就是波斯独有的建筑模式。在波斯波利斯，不仅能看到双头马，还有双头鸟、双头牛，而这些动物造型的套路，来自亚述人。

后面山上的建筑，据说是剧场，旁边就是传说中薛西斯三世的墓穴。

今天，设拉子已经与中国的西安结为友好城市。曾经，长安附近的阿房宫被项羽烧毁；而设拉子的波斯波利斯则被亚历山大大帝付之一炬。不得不说，缘分这东西真的很奇妙，它经常会被某些漂浮天外、细若游丝的机缘连接在一起。

离开波斯波利斯，当晚准备到设拉子投宿。不料汽车轮胎泄气，车内的胎压计报警。于是只好在路边找了一家轮胎店去补胎。

进入伊朗以来，先前已经在右后门上留下了擦痕。那是在德黑兰的那天晚上，酒店男孩儿胡乱指挥我驾车进入一个狭窄的停车场时所致。这个小小的事件给我的感觉就是不少伊朗人做事情很马虎，缺乏现代文明所需的那股子认真劲儿和精气神儿。

到了轮胎店一检查，原来是一颗大钉子扎进了右后轮胎。工人们开始补胎，老板的那个七八岁的小儿子就过来与我搭讪。他指着车身上的擦痕问我：伊朗？伊朗？那意思就是，你这是在伊朗被擦的？

我不由莞尔。看来连小孩子都知道，他们国家的驾驶员喜欢乱来啊。

补好胎之后，老板跑过来，冲我大声地嚷嚷着"爸冷死、爸冷死"，我哪儿听得懂波斯语？一头雾水。干吗非是"爸冷死"，而不是"妈冷死"呢？老板拉着我进到店子里面，在他那台机器面前一站，我才恍然大悟。他发的那个音，类似于英文的 ballance，就是轮胎动平衡的意思啊！这下总算明白了，动平衡那是当然、必须、肯定要做的。

说到汽车驾驶里面的用语，很早以前，我学开车时，教练就告诉我，驾车第一件事情要拧开"死尾子"，也就是车钥匙。当时我就被扔进了云里雾里，好好的车钥匙，干吗要叫这么一个怪名字"死尾子"。后来有一天，才终于弄明白了，"死尾子"就是英文 switch（点火开关）的中国音译！

补好轮胎，半小时后，就到了设拉子，我们住进了城边上的一家五星级酒店。

波斯波利斯大厅

波斯波利斯双头鸟

第22章

设拉子，灯王之墓与粉红清真寺

我在伊朗的全部行程，实际上走了约4000千米。设拉子为我本次亚欧大陆之行到达的最南端的一个城市。从那以后，就一路向北，出伊朗，经亚美尼亚和格鲁吉亚进入俄罗斯，最后直到北冰洋岸边的俄罗斯不冻港摩尔曼斯克。

设拉子是伊朗第六大城市，南部最大城市，也是伊朗最古老的城市之一。该城距首都德黑兰919千米，海拔1600米，现有人口150万。设拉子素以玫瑰和夜莺之城及诗人的故乡闻名于世。2500年前，波斯人居鲁士以此为中心创建了波斯帝国。大流士将首都迁至距该城60千米处的波斯波利斯，后被马其顿的亚历山大所毁，现留有居鲁士大帝的陵墓和宫殿。波斯波利斯是波斯帝国阿契美尼德王朝的首都。

到达设拉子那天并不是很晚，天还没黑下来。无奈设拉子的交通太混乱了，伊朗人开车又毫无章法，竟然就在不算大的设拉子城内慢吞吞地堵了两个小时，才总算到了酒店。

办理入住手续之后，就是吃饭。伊朗的寻常伙食，大致就那样了，不是烤就是炖，不说也罢。唯一比较不理解的就是，对伊朗普通人家来说，他们不可能每天每顿都吃牛羊肉，这个国家的草原也支撑不了8000万人口频繁吃肉。那么，同样是在吃米饭、馕、各种蔬菜的情况下，他们的身体素质似乎比东亚黄种人要稍好一些，尤其是在足球场上，体现得更为明显。这大概就是人种的差别，上天给了东亚黄种人超群的智商，但整体上却没有给他们足够的体力，这也算是一种公平吧。

灯王之墓清真寺穹顶

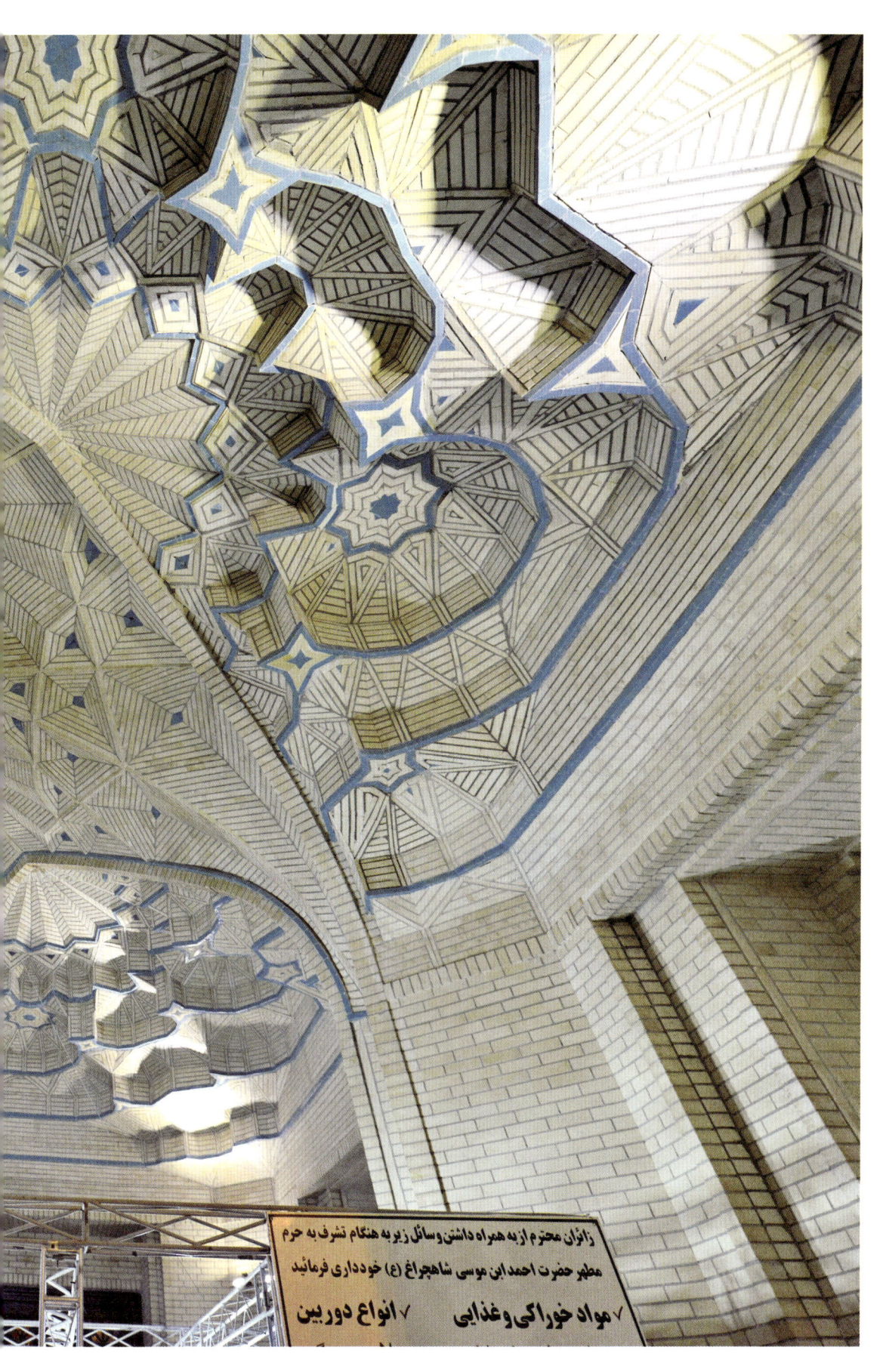

زائران محترم از به همراه داشتن وسائل زیر به هنگام تشرف به حرم مطهر حضرت احمد ابن موسی شاهچراغ (ع) خودداری فرمائید

✓ مواد خوراکی و غذایی   ✓ انواع دوربین

随便打发了自己一顿晚餐，叫上出租，直奔设拉子的灯王之墓，波斯语发音为 Aramgah-e Shah-e Cheragh，英语为 Shrine of King of the Light。

所谓灯王之墓，并非单单就是一座陵墓，而是辉煌庞大的清真寺。当年，什叶派第七伊玛目卡迪姆（葬在巴格达）的两个儿子阿哈迈德（Ahmad）和穆罕默德（Mohammad）就葬在这里，他们于公元 900 年左右躲避阿拔斯王朝的追杀逃到此地，最终被杀害。起初这里只有墓穴，后来当地的一位阿亚图拉路过这里，发现有光从一处洞穴冒出来，经过发掘，发现这是阿哈迈德的墓穴，"灯王"由此得名。

从 12 世纪起，历代统治者不断扩建陵墓并使其变成一座神祠，逐渐成为伊朗最重要的什叶派宗教圣地之一。陵墓就规模和艺术价值而言，无法与马什哈德的伊玛目礼萨（阿哈迈德的兄弟）陵寝相比，但内部庭院非常大，且建筑风格（主要是柱式）与常见的什叶派伊斯兰建筑有一定区别，而墓室大厅数不清的小镜片则让室内充满了光芒。

简而言之，设拉子的灯王之墓其实就是与我在库姆曾经参观过的圣陵清真寺一个性质。

到了灯王之墓清真寺的大门，被门口的值守人员拦住。他们说，进入清真寺，可以用手机或者卡片机拍照，但我手上提着的那个明晃晃的单反相机是不能拿进去的。虽说灯王清真寺不让拿单反相机进去拍照这一规定令人沮丧，但这是人家的规矩，即使心中不爽，入乡随俗，那也没什么好说的。不料门卫又告诉我，我的单反相机要寄存到清真寺外面街边的一个行李寄存处那里。门卫领我过去一瞧，那个所谓寄存处，就是在昏暗灯光下的一个破破烂烂的小门脸，看起来太不靠谱儿了。我所携带的相机，不仅是手上提着的单反，还带着一个配有滑轮和拖杆的双肩背包，里面装的是镜头若干、滤镜若干、各种摄影配件若干。我要是把这一整套东西都存在那个酷似收破烂的小店里，就相当于把将近 10 万元人民币现金放在那里了，还是有点儿不放心。算了，我的这一套摄影器材，虽然算不上多好，但要丢了，那在随后的行程中，可就没办法在国外搞什么文化考察和影像记录了。

所以，我扭头便对门卫道："谢谢，我就不进清真寺了，我就坐在门口等我朋友，让他去看看就好了。"

然后，我就在大门口边的石阶上坐下，我的朋友进去参观。

没坐几分钟，一位在胸前挂着清真寺绶带的中年男士从里面出来。他径直走向我，笑眯眯地用英语打完招呼，让我跟着他进去参观。

"可是，门卫不让我拿单反相机进去啊？"我问。

他说："没关系，你跟着我就好了。"

"那么，我能在里面用单反拍照吗？"

"当然可以，我陪着你，你想怎么拍就怎么拍！大老远的来了，你不进去看看咱们绚丽的波斯文明，那得有多遗憾哪！"

最先拥有伊斯兰教的阿拉伯人并不会建造宏大漂亮的清真寺。今天我们所看到的那些古老的清真寺，大都是被阿拉伯人征服之后的波斯人设计、建造的。清真寺内的每一片瓷砖、每一块石头，都凝结着波斯匠人的心血。灯王之墓整个广场和祈祷室的广播如泣如诉，虔诚的信徒们大多泪流满面。灯王之墓清真

灯王之墓清真寺庭院

灯王之墓清真寺侧厅

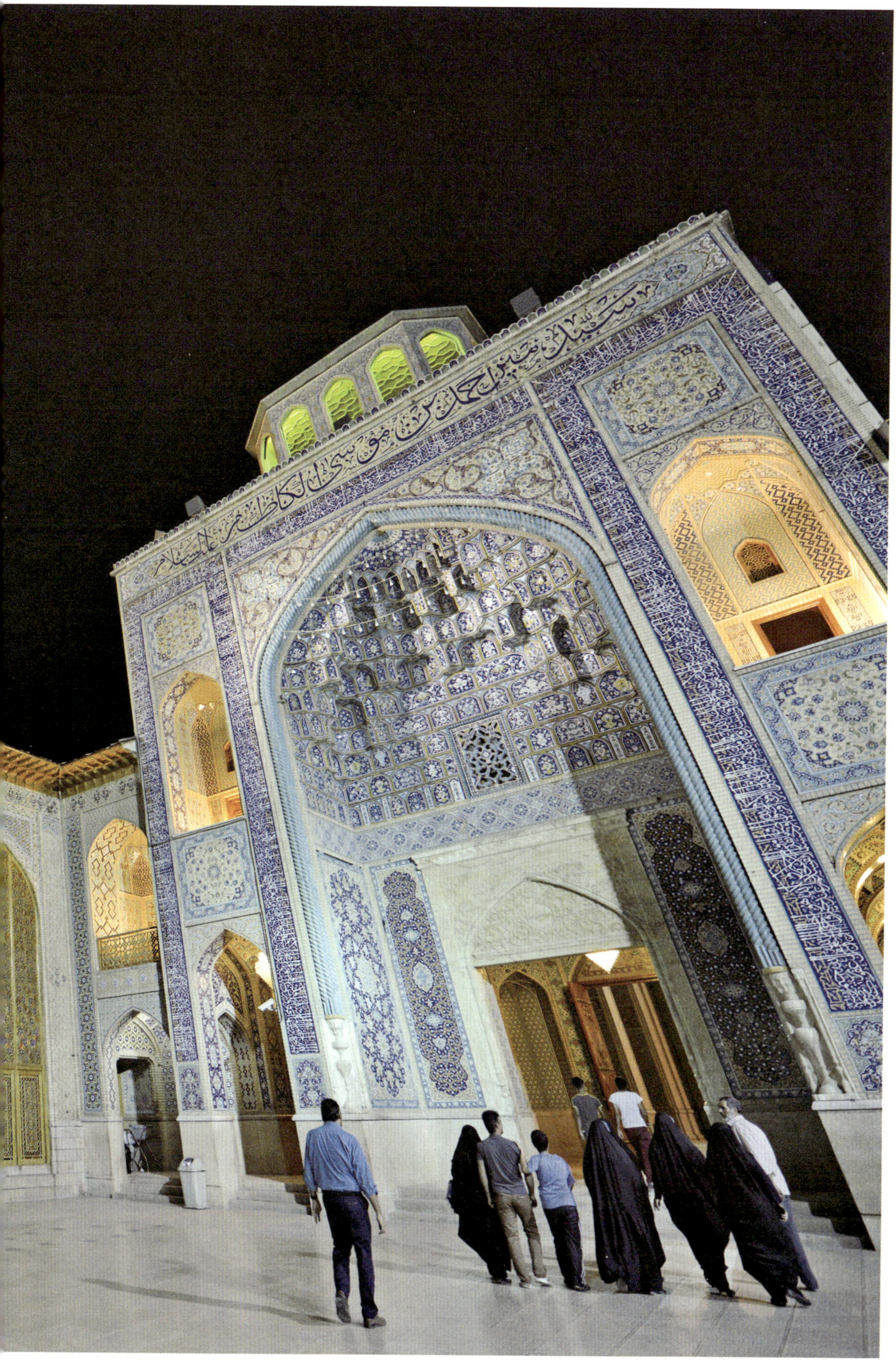

寺内部庭院非常大，建筑风格与常见的什叶派伊斯兰建筑有一定区别。内部的大厅，光影闪烁，令人震撼至极！院子东南端是圣殿，里面全是镜子贴面。清真寺内是用绿色玻璃镶嵌装饰的，墙壁与穹顶皆用玻璃拼成，非常美丽。内部的墙体与天花板贴满了彩色玻璃，无论是阳光灿烂的白昼还是灯火摇曳的夜晚，光线经玻璃层层折射将这古老的殿堂装点得奢华绚丽。在清真寺的深处，信徒们或看经书、或静坐，四周静悄悄的，仿佛时光已经在此地凝固。

欣赏之余，暗自庆幸，幸好进来了，不然就错过了一场美丽的人文大餐。

然后就忍不住再次对领着我在清真寺内到处溜达的那位先生表示感谢。他介绍说，他是 International Affair（一个主要负责接待外国游客的组织）的志愿者，本职工作是软件工程师，曾经在英国留学，45岁。

英国留学？这下双方就有了共同的话题，也可以试着聊聊那些敏感的、我无法在书里呈现的话题了。

那天晚上，在灯王之墓清真寺里盘桓良久，方才回到酒店。

翌日一早，从酒店的窗子望出去，设拉子城区就在眼前。

早餐后，跟着 GPS 很快就来到了粉红清真寺的附近。但找到粉红清真寺的大门却颇费了一些周折。原因无他，主要是这座清真寺的门脸实在太普通了。

作为波斯的古都，设拉子最值得看、保留最完整的是波斯波利斯遗址，这也是我们刚到的时候去拜谒的那个地方。但是，如果要找一个在去过设拉子的中国游客的心中最有名的设拉子景点，那就非粉红清真寺莫属了。

所谓粉红清真寺，它的名字叫作 Nasīral-Mulk，译成中文便是莫克清真寺，因为其外墙彩釉色彩中以粉红色最为出挑，所以也被人叫作粉红清真寺。这座清真寺建于1876年的卡扎尔（Qājār）王朝，至今依旧保存完好，成为中国游客来到设拉子不可不游的景点之一。

一条并不宽阔的街巷，一扇并不壮丽的外门，走进院内一看，依旧是清真寺建筑中常见的对称布局。中间是波斯建筑常见的水池，西边是冬宫，而东边的则是夏宫。此刻，正值大清早，寺内除了两个欧美学生背包客之外，便再无本地人。此地的清静与昨晚去参观的灯王之墓清真寺的旺盛香火相比，真是判若天地。

引导我逛灯王之墓清真寺的先生

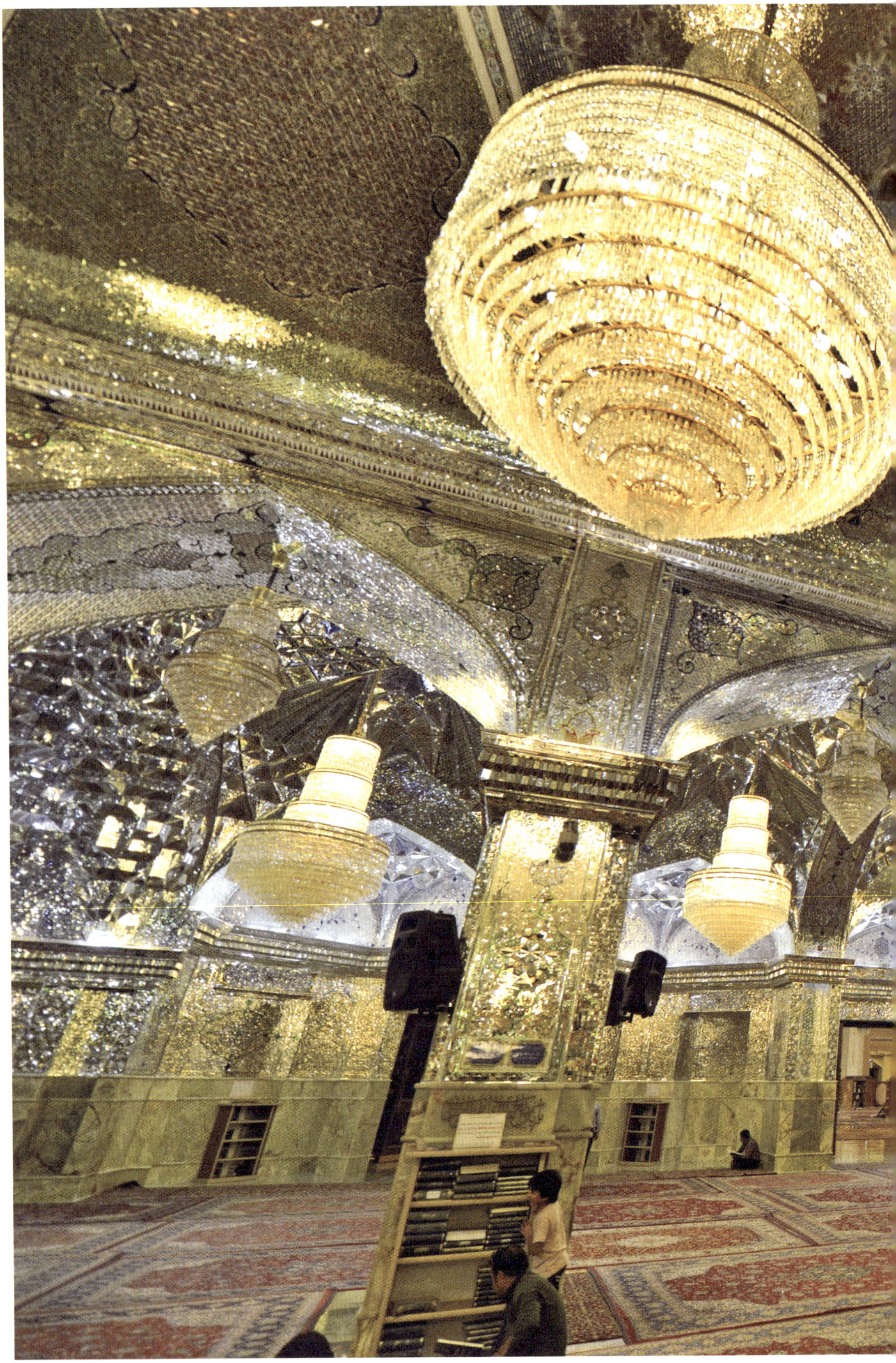

灯王之墓清真寺内部

实际上，这座在中国游客中非常出名的清真寺，从宗教文化的地位来说，完全没法儿和灯王之墓清真寺相提并论。

中国游客是一群非常奇怪的人。他们喜欢的东西往往并非当地人最为自豪、国际上最为出名的名胜古迹。类似的例子还可以从希腊的圣托里尼岛看到。希腊是西方文明的源头之一，有着西方最辉煌、最灿烂的众多的历史遗迹；而希腊的海岛，在 Lonely Planet 的介绍中，第一重要的便是希腊文明两个发源地之一的克里特岛，但许多中国游客去了希腊，却直奔人工装饰出来的所谓小资胜地的圣托里尼岛。这倒颇有一点儿"我爱你，但却与你无关"的小资劲儿。

粉红清真寺之出名，在于它的冬宫。位于西边的冬宫，当旭日东升之际，阳光透过彩色的窗户洒进厅内，投射到波斯地毯上形成了某种曼妙绝伦的神秘色彩和光影组合，一种梦幻般令人窒息的美丽，便出现在了人们的眼前……

粉红清真寺的东边是夏宫。和色彩斑斓的冬宫相比，夏宫要凝重许多。在这里，陈列着为宗教做出过重大贡献的人的巨幅照片。

粉红清真寺庭院

粉红清真寺夏宫

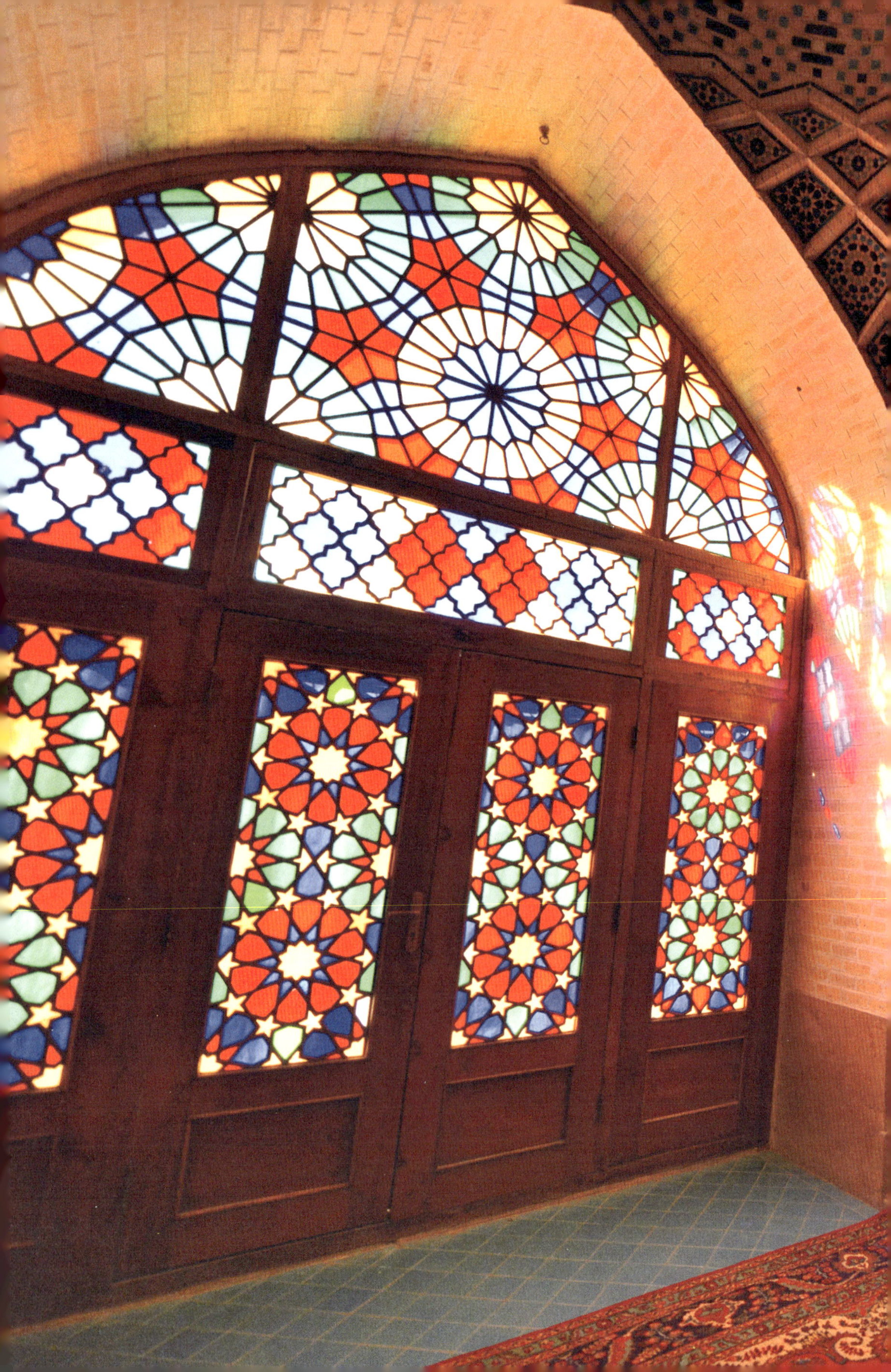

绚丽的粉红清真寺冬宫

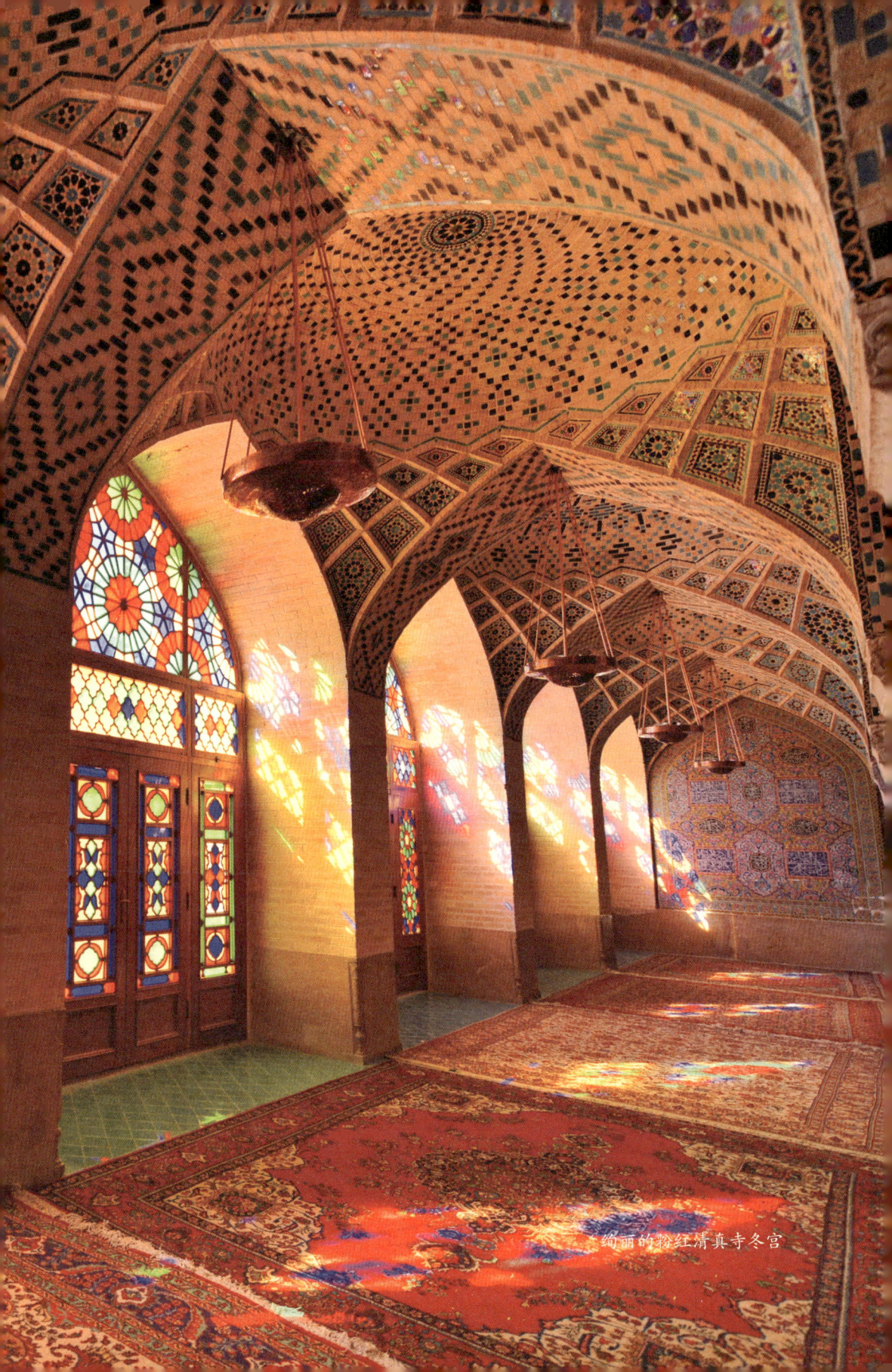

第23章

"伊斯法罕半天下"

在伊朗的公路边，不时会看到一个横在路边的高台，那是停放值班巡逻的警车的地方。伊朗公路平坦，视野极佳，警官就站在那个台上，远远地看到有谁超速什么的，立马就拦住。

顺便说一句，我在伊朗，由于那里公路又平又直，且又没有多少车在跑，偶尔一不留神就超速了，因此被交通警察拦下过一两次；而更多时候被拦下仅仅是因为我的车挂着中国特有的蓝底白字车牌，而非国际（包括伊朗）通用的白底黑字牌。

从设拉子到伊朗中部的伊斯法罕（Isfahan），路程也就不到500千米。路况超好，车少，一路顺利，很快就到了。

伊斯法罕是今天伊朗的第三大城市，也是伊朗最古老的城市之一，建于公元前四、五世纪的阿契美尼德王朝时期，多次成为王朝首都。为南来北往所必经之路，是著名的手工业与贸易中心。"伊斯法罕"一名源自波斯语"斯帕罕"，意思是"军队"，古时这里曾是军队的集结地，由此而得名。

我的车，路边小憩

公元十一二世纪塞尔柱帝国时，该城曾为首都。萨非帝国时代（1501—1736），该城处于全盛时期，商贾云集，八方宾客会聚，市内多数建筑物和清真寺都是那时建造的。历史上，伊斯法罕就与中国有着密切往来，并于1989年5月，与我国西安市结为友好城市。

伊斯法罕不仅风景优美，拥有11~19世纪各种伊斯兰风格建筑，而且它作为丝绸之路的南路要站，更是东西方商贸的集中地。天南海北的商客都会集于此，各种商品琳琅满目，伊斯法罕一时富甲天下，所以伊朗民间有"伊斯法罕半天下"的美称。伊斯法罕还是今日中国"一带一路"的重要节点。

伊斯法罕的大巴扎

对于伊朗来说，最好的纪念品当然是波斯地毯了。同行的朋友就曾经在德黑兰买了一块绣着波斯文字的装饰挂毯，很有韵味。但那各色波斯传统盘子，也是很有意思的纪念品。

相对于阿拉伯文明来说，波斯文明显然要发达得多。但在人类历史上，先进的文明却屡屡被落后文明打败和统治——譬如纵横欧亚的蒙古帝国、征服了波斯的阿拉伯帝国等。

现在咱们顺道就来说说瓷器——波斯瓷器与中国瓷器。

人们曾经普遍相信，中国的青花瓷始于明代。但随后的考古发现，中国青花自唐代创烧，大规模出现是在元代。青花瓷一直被中国人誉为国粹，但实际上，从元朝开始兴起的青花瓷，是典型的中国文化与西亚文明碰撞的结晶，而且，无论是青料还是纹饰，波斯文明的印记深入骨髓。

故事的来历是这样的：公元13世纪，随着蒙古崛起，蒙古帝国征服了欧亚许多民族，中西交通往来十分频繁，文化交流也大规模发生。从元青花开始，横S形纹、莲花纹等古代波斯纹饰就开始频繁出现，逐步形成了中国青花瓷的特色纹饰。这些多层次、密集型、不留白的装饰图案，正是来自波斯古代清真寺的装饰花纹与金银器的刻饰风格，以及地毯上的各种缠枝莲纹、莲花瓣纹、卷草纹、S形纹和回纹等。这些装饰在题材与结构上都与最初的元青花瓷高度一致，在艺术风格上也如出一辙。

14世纪以后，中国的青花瓷器就通过贸易渠道输往西亚、东南亚、南非、欧洲等地。这些青花瓷今天能看到的不外乎就是当时出口而保存至今的传世品，以及古代遗址和墓葬发掘出土的发掘品两类，其中传世品主要集中于伊朗德黑兰与土耳其托普卡比博物馆。

青花原料为氧化钴。我国古代青花瓷器使用的青料分进口与国产两种。进口青料称"苏麻离青"，这种进口青料的最大特点是高铁，在还原焰中烧成，呈黑色结晶斑块，绘制纹饰线条具有晕散、流淌的特征。

在伊朗德黑兰以南大约400千米的地方，有个小村庄，叫"格哈玛沙"，属于卡尚市。这个小村庄的人在古代发现了闪着银色光芒的石头，当地人叫"穆罕默德蓝"，即现在学名叫"钴"的矿物。提炼后经火焙烧成为蓝色，用以装饰清真寺。由于太神奇了，当地人用伊斯兰圣人的名字"Soleimani"（苏麻离）称呼它，即中国人称呼的"苏麻离青"。

换句话说，今天我们看到的中国古代青花瓷器，其中相当一部分就是用来自波斯的"苏麻离青"上色而成。

在伊斯法罕的市中心，是伊玛目广场。

伊玛目广场，原名国王广场，也称世界之半广场。在1979年伊斯兰革命后，官方更名为伊玛目广场。伊玛目广场位于伊朗的伊斯法罕省伊斯法罕市的中心，是仅次于天安门广场的世界第二大广场。当年是萨非帝国阿拔斯一世检阅军队和观看马球的场

伊斯法罕的波斯传统工艺品

波斯纪念品商店

所。1979年联合国教科文组织将伊玛目广场列入世界文化遗产名录。

与世界上大多数广场不同的是,伊玛目广场基本上是以绿茵草地和绚烂花圃所组成,因此它具有格外清新的自然气息。广场的四周环以两层楼高的连环拱廊骑楼。拱廊骑楼里面的商铺一家接着一家,那里陈列着传统的波斯手工艺品,比如铜器、绘画、首饰、陶器、木器等,琳琅满目。人们把伊玛目广场看作伊斯法罕的象征,因为不少著名的历史景点都坐落在该广场的周围和附近。

伊斯法罕伊玛目广场四周,是大巴扎和清真寺、四十柱宫和阿里加普宫。

伊玛目清真寺位于广场的南端。始建于1612年阿拔斯一世时期,1630年竣工,占地面积17000平方米,是伊斯法罕最大的双层(层距15米)拱顶清真寺。清真寺里外均由精美的瓷砖镶嵌而成,清真寺的大门是镀银的,门上写有许多诗文,由当时著名书法家用美丽的波斯文纳斯塔利克体书写。墙壁

伊斯法罕的伊玛目广场大巴扎

伊斯法罕伊玛目广场

伊斯法罕伊玛目广场清真寺

上还有反映当时文化艺术最高水准的壁画和装潢。波斯文明在这些建筑上，体现得淋漓尽致。

人们在伊玛目广场的草地上铺上地毯，以家庭为单位围坐一圈，喝着饮料，吃着点心和水果，享受着平静的生活。在西方的制裁之下，虽然伊朗人的物质生活水平不如中国人，但他们那份轻松与惬意，却是令人艳羡的。

伊斯法罕是一座十分生活化的城市，来到这里，怎能不学着当地人那样去体验一下呢？于是，我从一家冷饮店买了一杯饮料，也加入草地上的人群中去了。这种当地饮料，黑色或褐色的植物果实小颗粒，加一点儿糖，冰镇之后，十分解暑。应该是沙棘之类的东西。

然后，就邂逅了两位伊斯法罕女孩儿。当时，她俩正在用手机自拍，然后就发现了我在旁边拍她们。落落大方，相视一笑，招呼了我一声 Hello，就算认识了。

她俩都是当地大学的在读硕士研究生，英语专业，毕业后的学位将会是 MA（Master of Arts）。

"那么，你们伊朗有没有人会被派出国留学呢？"

伊斯法罕伊玛目广场的伊朗美女　　　　伊斯法罕伊玛目广场邂逅的女研究生

她们说："有的，但很少。我们现在被封锁，但迟早会开放的。"

我又问："有个问题我一直想请教伊朗的女士，贵国气温很高，可伊朗妇女却总把自己捂得严严实实，难道你们不怕热吗？"

她们抿嘴一笑，说："热！当然热，但热总是好过闷在家里啊！"

"明白，用中国人的话语，那就是两害相较取其轻。"

在伊朗夏天的夕阳下，坐在伊斯法罕的伊玛目广场的花台上，和两位伊朗女孩儿天南海北地一番神侃，颇为应景。眼看着慢慢就熟悉起来了，于是我又问："你们都有男朋友了没有呀？"

俩女孩儿一下就没有了刚才的大方，面现羞涩，低头微笑，轻声告诉我，其中一位有男朋友；而全身黑袍的另一位的家里总是催促说要给她相亲，但她一直都没答应。

看来，伊朗的知识女性对待感情和婚姻的问题，有着她们自己的思考。这是好事，教育能够提供给女性的，一个是让她们能够自立的谋生技能；另一个则是给了她们一个更为广阔的世界观、价值观和人生观。

说到这里，有必要澄清一下，其实我绝不是一个八卦的人，正常情况下，

刚做完削鼻手术的女孩儿

对别人私下的感情生活也没多大兴趣要去打听。不过，在国外考察时，尤其是在伊斯兰国家，情势就不同了。凡是与当地文化习俗和人文传统有关的东西，我都希望了解得更多一些。

与她们告别的时候，顺便就把微信加上了。微信这个东西，在伊朗曾经也很流行。但从2014年底起，伊朗开始部分封锁微信。具体来说就是微信的图片功能被封了。在伊朗，你可以看到微信的文字，但基本上就没有可能看到图片。

最近，在本书写作的过程中，据报道说伊朗要对facebook等社交软件开禁了。如果那是真的，那么对微信的封锁也应该会很快就撤销了。那样，我便可以与伊朗的朋友一起分享微信朋友圈那些内容丰富多彩的图片了。

从伊斯法罕广场回到酒店，暮色已降。我们住的那家酒店，房间外是一个大大的露台。而正是因为这个露台，这套房间的价格要相对高一些。露台位置极佳，凭栏而视，外面正前方100多米处，便是伊斯法罕的另一个著名景点——三十三孔桥。

横跨扎因达鲁德河的伊斯法罕三十三孔桥（Allahver dikhan Bridge）因其独具匠心的造型而获得了很高的评价，人们普遍认为它是萨非桥梁设计中著名的代表之一。这座在1602年由阿拔斯一世的大臣格鲁吉亚族的阿拉威尔迪汗负责建造的桥梁具有独特的双层结构，共有33个拱，故又名三十三孔桥。石桥本身是一座多功能的建筑，既可用作桥梁又能起到水坝的作用。它也是整个伊朗最漂亮的一座桥，其精妙的设计和建造技术令人叹为观止。

但是，我去的时候，桥下只有干涸的河床，基本上没有水了。

伊斯法罕三十三孔桥

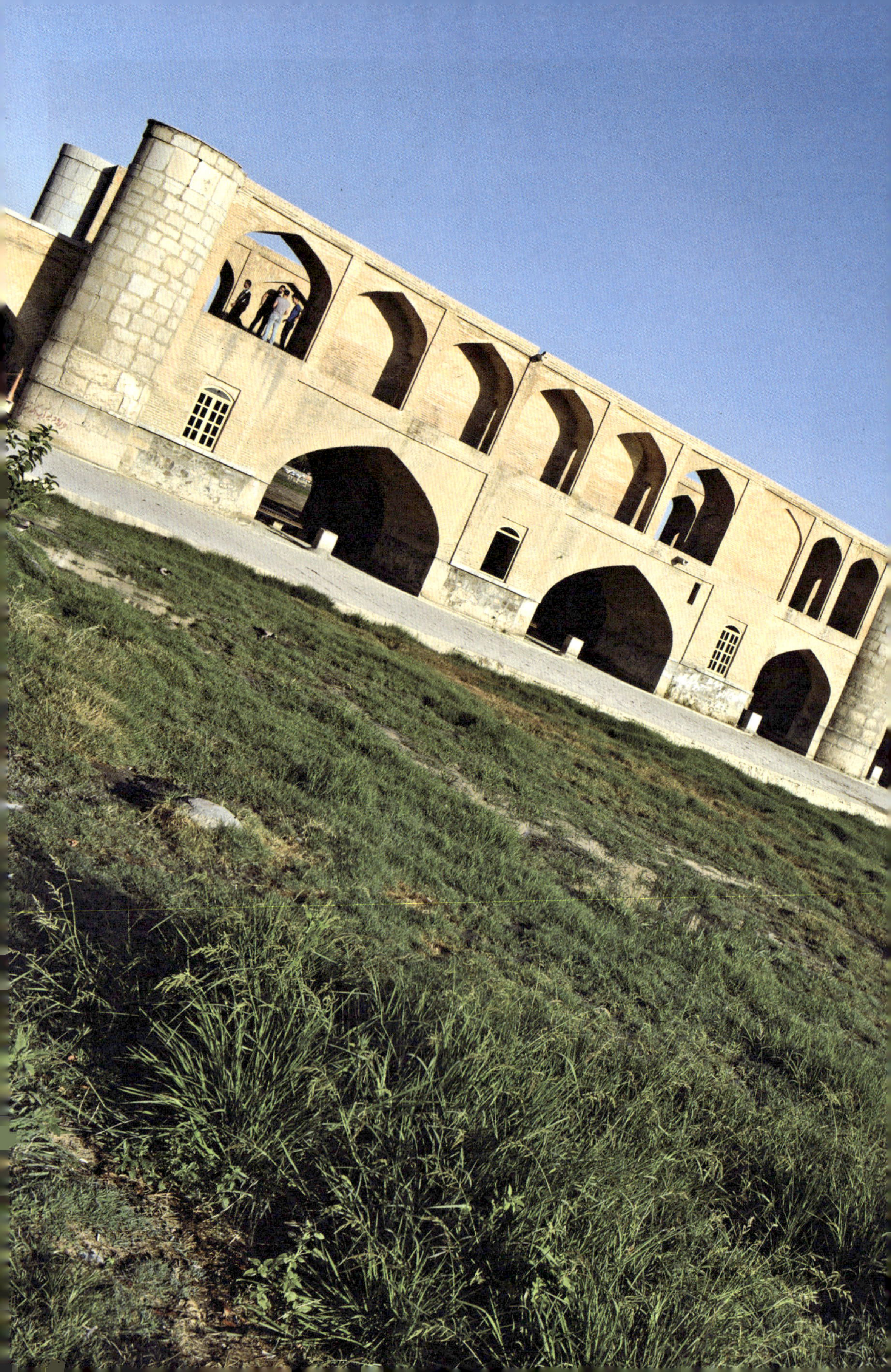

伊斯法罕三十三孔桥

第24章

西北角,驾着祥云,翩翩而至

漫漫长路,艰难跋涉,不经意间扭头而眺,在那不远之处,或是一棵枝繁叶茂的绿树伟岸地立于坡顶,或是传承千年的波斯风格土屋盘踞山脚,还有那盛夏金黄的稻田与金黄的玉米。或黑或白或灰的羊儿们三三两两地在不算丰腴的草场悠闲觅食,偶尔会抬起头来咩咩细语。

行驶于伊朗西北角,更多的时候,映入眼帘的是色彩斑斓的山冈。那要

伊朗西北 色彩斑斓的山冈

搁在中国，也许会被冠上"景观大道"之类的名称，被圈起来收门票了。就像张掖倪家营子的丹霞地貌，因为张艺谋拍了一个《三枪拍案惊奇》，现在成公园了，要去瞄一眼你得掏上百元人民币。不过，在伊朗，这类似的一切几乎都是免费的。

这一天的目的地，是伊朗西北重镇大不里士（Tabriz）。

一路上，我们坐在空调开得很足的车上看到公路边瓜果摊的摊主按照伊斯兰教的规定穿着严严实实的长袖长裤，很容易产生一种错觉，以为外面温度宜人。推开车门，热浪瞬间滚滚扑来，气温竟在50℃~60℃之间！那么，当地摊贩如何对付高温呢？瓜果摊旁边有一个石砌的小水缸，里面装满了凉水，泡着待出售的瓜果。他们就是以这种方式给瓜果降温的。

中东和中亚干旱炎热气候下的瓜果，真是甜得无以复加，甜得倒牙，基本上就相当于是蘸着白糖吃水果那个程度。我们正在啃瓜，旁边就又停下一辆车，下来了三个中老年妇女，她们直奔水池，挑选瓜果。本来在阴凉处坐了一会儿，吃了瓜、吹了风，已经感觉不那么热了，一看那三个妇女将自己捂得严严实实的黑色袍子，炎热之感立马便回到了身上。

三位伊朗妇女直奔水果摊挑选瓜果

东边蒙古，西边伊朗

我注意到，那辆车上就只有那三个妇女。这意味着，她们是自己开着车来的。如此，便透露了一个重要的文化信息：相对于阿拉伯伊斯兰国家来说，伊朗真的算是比较开明、世俗的了，女人竟然也可以开车。而反观沙特阿拉伯，妇女是不准驾驶的，如果非要驾车，那等待她们的就是严酷的、公开的刑罚！

具体可参看最近正在英国热播的英国主流媒体拍摄的纪录片《野蛮之国：沙特阿拉伯揭秘》。这表明，由于油价下跌，西方人终于觉得可以表达自己对沙特阿拉伯等君主制国家的看法了。看起来，势利的欧洲人也同样厌恶甚至憎恨愚昧、落后、野蛮。不过令人奇怪的是，此前他们却抱着双重标准，将几乎所有的批判指向了封闭、专制、贫穷的朝鲜，而对更为野蛮、落后的某些阿拉伯主流国家却选择性失声。

在伊朗西北部的乡村山区行车，看到岔路，我们就直接拐了进去。因为好奇心太浓，没办法，就想去看看那山坳里面到底有什么。顺着小路进去，是一个贫瘠的村庄。我不知道村民们以什么谋生。如此干旱、荒凉的地方，在农业上会有什么产出呢？在大多数情况下，当地的岩石土壤会呈现出浓郁的五颜六色，这表明，此地土壤岩石里也许会含有铁、铜等元素。不过，这跟老百姓又有什么关系？

我正在感慨的时候，一个村民骑着摩托过来了。看样子像是一个老人，不过也许真实年龄没那么大。一番比比画画、嘀嘀咕咕，总算弄明白了，这是一个库尔德人的村庄。

前面我介绍过，中东地区生活着四大民族：阿拉伯、突厥、波斯、库尔德。其中，前三个民族都有自己的民族国家（阿拉伯人建立了若干国家，突厥人的土耳其，波斯人的伊朗），唯独库尔德人没有获得独立的地盘。

中东是一个长期处于世界热点的多民族地区。在民族的复杂性上，世界上很少有几个区域能够超过它。而伊朗地处中

库尔德老人

东的心脏地带，自古便是东、西方之间海陆交通的桥梁，也是各民族的迁徙通道，历史上又多次受到外族入侵，因而，在长期的历史过程中，伊朗形成了极其复杂的民族、部落、部族等关系。民族对立、部落对立与宗教对立等问题相互交错，并为外国侵略势力所利用。在民族问题方面较为突出的是波斯人同阿拉伯人的根本对立，以及库尔德民族问题、俾路支问题等。上述种种矛盾集中在一起，是造成伊朗一度动荡不安、战乱不止的重要因素。它不仅深刻地影响着伊朗的政治和经济，而且还影响到中东各国之间的关系，甚至整个地区和世界的和平与稳定。

　　伊朗的库尔德问题有着复杂的外部因素和深刻的历史根源。勇猛善战是库尔德人的主要特征，他们长期以来一直进行着争取民族自治的斗争。1514年，库尔德斯坦的大部分地方被纳入奥斯曼土耳其帝国所辖的版图之内。而在战乱频繁的19世纪，库尔德民族问题就已浮出水面。第一次世界大战后，库尔德地区分属伊朗、伊拉克、土耳其和叙利亚。从那以后，库尔德人也成为伊朗的少数民族之一。

　　村里有狗，不敢乱走。在村里没逛多大一会儿，我们便引起了当地人的注意。有两个小男孩儿向我们走了过来。

库尔德村庄村民

库尔德村庄农舍

库尔德小孩儿

库尔德人地区的教育水平,就别指望了,孩子们根本不会说任何的外语。大家在一起,就只有相视而笑,笑容是最直观、最可信、最能拉近人与人之间距离的方式。

从伊斯法罕到大不里士的那一天是漫长的,总行程900多千米。傍晚时分,终于到达了目的地——大不里士。

先找酒店住下。伊朗酒店的特色,星级不低,但设施都比较陈旧。

这个时候,天还没完全黑下来。就在酒店旁边的小街窄巷里随便逛逛,顺便找点儿东西吃。一天奔波,也确实饿了。那就找一家地道的伊朗餐馆,开始晚餐吧,无外乎就是烤鱼、肉汤、馕之类。

一夜无话。

到大不里士来,并非为了游览什么。这里是北上去往亚美尼亚共和国的必经之路。从大不里士到边境的诺杜兹(Nordooz)小城,总共140千米左右,全部是在伊朗西北部高原的大山里面穿行。从诺杜兹出境,就是亚美尼亚。

大不里士是伊朗西北边陲古城,东阿塞拜疆省首府,旧译"帖必力思"。位于乌鲁米耶湖盆地东北侧山麓,距德黑兰约530千米。始建于公元3世纪,历史上多次成为王朝都城。古代为四方往来通衢,在军事及交通上占据重要地位。

公元8世纪初,阿拉伯军队占领大不里士,并将其建成军事要地。后被波斯和中亚一带割据的伊斯兰诸王朝先后分属管辖。1258年,成吉思汗之孙旭烈兀攻克巴格达后,建立了蒙古人统治的伊儿汗国,大不里士被定为国都,成为伊儿汗国的政治、经济和文化中心。在该城附近建有马拉格天文台,编制了《伊儿汗历》,附设有规模较大的图书馆。在合赞汗统治时,该城学者荟萃,伊斯兰学术文化得到很大发展,建有多所清真寺和宗教学校,为什叶派和苏菲派的学术中心之一。一言以蔽之,大不里士在沟通欧

波斯文字指路牌

洲和中亚的经济文化上起到了桥梁作用。

14～18世纪，中亚土库曼部落建立的黑羊王朝、白羊王朝和波斯人建立的萨非王朝均先后建都于大不里士。伊斯兰古迹有城内著名的蓝色加米清真寺，为白羊王朝贾汗王于1465～1466年建成，后多次修葺，外观宏伟，且嵌饰以蓝色瓷瓦，光彩瑰丽。

在第二次世界大战期间，大不里士是苏联实际控制的阿塞拜疆独立共和国的首府。不过，后来的阿塞拜疆退出了这块地盘，大不里士归属了伊朗，一直到今天。

从大不里士北上至伊朗与亚美尼亚边境，要在伊朗西北山区中蜿蜒而行几十千米。对中国人或中国媒体来说，这片地方是陌生的。在这个地区，就连公路边的各种路牌都是纯粹的波斯文书写。幸亏我从国内随车带着GPS，否则就真的是寸步难行。

笔者从小喜欢地理，对各种奇异的地貌有着浓厚的兴趣。这一带也许没有什么特别的历史文物，也没有什么特别的故事，但高原跌宕，崇山峻岭，茫茫草滩，令人顿觉渺小莫名。这里的地貌与咱们的川西高原有点儿相似，但海拔要低很多，阳光特别炙热，一天下来，就晒成了黑人。偶尔会在路边的草地上，看到席地而坐、正在野餐的当地人。当看到我跟他们打招呼时，他们眼中的惊诧如滔滔江水，疯狂蔓延。在这个偏僻的地方，连外国人都很少很少见，何况还是开着一辆挂着中国蓝底白字牌照（伊朗车牌为白底黑字）的小车的中国人呢？

进入西北的山区，就是进入了一卷长画，万般景象尽在其中，一条蜿蜒盘旋的长路，两旁或荒野山峰、或莺莺草场、或林木茂密。静静聆听，便是一种享受。在这里，太阳依旧炙热，但风儿却已清凉。

一路上坡，就到了这一段路程上的最高点。从这个点开始，基本上就一直下坡，直到河谷的深处，在那里以河流为界，就是伊朗和亚美尼亚两国的边境线。

悠闲地在路边吃草的马儿告诉我，这附近应该有一个村子了。须臾，一个村民骑着一匹马、又赶着一匹马慢悠悠地过来。果然，转角过去，看到了一个山坳中的小山村。那就过去看看，伊朗高原的大山深处的村民们是一个什么样的状态。

四周一片寂静，仿佛已经被时间遗忘。对面的小山梁上，村民正在晒谷场上处理庄稼。很奇怪的是，伊朗男人享有巨大的权益，但田间地头的主要劳动力却是妇女。在寂静的峡谷，停下车来静静地感受伊朗高原。山坡上放牧的羊群，看起来是绵羊，而不是我们通常认为的山羊。这一带山路盘旋，非常险峻。远处的谷底下，有一辆翻滚下去的车子。沟底下有小溪，溪水侧畔才有绿树。这里的村庄看起来完全没有发展。石油收入带来的好处，似乎并没有体现在这个偏僻的地方。

那一瞬的感觉很是奇妙。伊朗村民静悄悄地过着千年不变的日子，古老的伊朗文化被漫不经心地封存于斯，似乎一直在等待着一辆挂着中国重庆车牌的小车，驾着祥云，翩翩而至……

搞艺术的，可以靠艺术获取精神愉悦，或者谋生，甚至发财；而被当成艺术搞的，往往潦倒。这句话，我最初在自己的另一本书中说过，并将其作为自己旅行观中的重要支撑理念。当我们去别人的国家旅行的时候，不要怪人家弄一些不土不洋的建筑出来，既无多大美感也破坏了传统文化的沉淀。谁不希望迅速发展，然后去欣赏别人精心保存下来的文化呢？很多时候，固守古老的文化，也许就意味着甘于贫困。

这种时候，我非常知足。上天从我这里拿走了许多东西，但又以另一种方式补偿了我。

天地苍苍，唯有感恩。

田地里劳作的伊朗妇女

山坳里的伊朗村庄

打谷场

伊朗村民

第25章

伊朗海关官员，至少还有情怀

伊朗与亚美尼亚接壤的这一带，在冷战时期是苏联与西方相抗衡的前线之一。所以，对于苏联（当时亚美尼亚属于苏联）和伊朗来说，由于这一地区不知何时便可能成为战场，双方基本上都没有认真去开发与发展。留给今天的就是，伊朗与亚美尼亚和阿塞拜疆接壤的地区，都比较落后。

我的车，在伊朗西北部的高原上

伊朗内地的公路系统非常好，但越靠近边境，道路状况就变得越差。这种差异，很明显地来自伊朗的地区发展观。上午 11 点许，我们抵达了通向伊朗、亚美尼亚边境口岸附近的一个小镇诺杜兹，这也是此番我的伊朗自驾之旅所经过的最后一个伊朗小镇。本打算停车吃饭的，转念一想，午饭时间还早了点儿，又加之不知道边境手续会花多少时间，决定直接前往口岸，早点儿去排队，争取今天能够出关离开伊朗。要是饿了就将就吃点儿随车带的干粮。

离开小镇之后，北边只有一条路，想走错都不可能。

荒凉的山区，十分炎热。四周一片寂静，既看不到人，也基本上没有车辆通过。在山路上沉闷地驾驶了十分钟之后，转过一个山口，眼前豁然开朗。下面出现了一条小河，那就是伊朗、亚美尼亚的界河了。河对岸的山谷，从前属于苏联，现在则是亚美尼亚的疆域。

这里是口岸，但并不繁华。由于伊朗长期被经济封锁，迫于美国的压力，很多国家并不敢和它大规模做生意。做生意就要通过银行转账，而国际银行系统又在美国监控之下，谁敢跟伊朗发生金融往来，谁就会受到美国制裁。

左前方就是伊朗与亚美尼亚的界河

跟着 GPS，一路就到了伊朗口岸的停车场上。

到了口岸，进入海关大厅一看，人不少。问了一下，都是大货车的司机。伊朗、亚美尼亚两国之间的物流，就靠这些大货车来运作。

不知您还记得不，在从阿塞拜疆共和国进入伊朗的时候，为了办理汽车入境手续，我不得不在伊朗挨着阿塞拜疆的口岸小城阿斯塔拉住了一晚。当时是一个名叫贾巴的伊朗掮客帮我办理的手续，当然他是要收费的。

现在，要离开伊朗了，我必须把入境时贾巴帮助我办理的那些汽车海关手续重新在这里审查一遍，然后还要交一定的费用，才能把车驶离伊朗。

这个时候，大约是正午 12 点。停好了车，进入大厅。到海关办理窗口一咨询，官员爱理不理，简单告诉我，让我把资料准备好，放在柜台的另一角上等候办理。那里叠放着一堆高达 40 厘米左右的资料，那些都是等待通关的车主和驾驶员的海关申报单，看着应该有七八十辆车的样子。

既然这样，那就先把自个儿的那些相关材料夹在一起。到了资料堆放处，旁边等待通关的司机们示意让我把材料放到那堆资料的最下面排队，等候海关依次审理通过。

从伊朗人拖拖拉拉的办事效率来看，要一个接一个地审理完那一堆材料，不知要到何时了。说不定今天晚上又要在边境小镇去住一宿也未可知。根据刚才经过时观察到的情况判断，那个小镇的住宿条件绝对堪忧。

此刻时近中午，正是午餐时间，官员们已经不办公了。从办事大厅可以清楚地看到海关玻璃窗口里面的情况。一番观察之后，朋友指了指里面一位貌似领导的大胡子男子，对我说道："那位好像是他们的头儿，要不，你去找找他？"

我慢慢地、仔细地审视了一下喧嚣的大厅以及办事柜台后面的海关办公区，试图从纷纭庞杂

伊朗海关所在的建筑

中理出一些头绪，以便确知接下来该干什么。但什么线索也没有。我的东亚黄种人形象在伊朗人和亚美尼亚人中显得十分扎眼，这时就有一个瘦小的伊朗男子溜到我身边，用英语问我是否需要他为我代理海关手续。

我问："怎么个代理法呢？"

他说："要收取一定费用。"

费用没问题，在伊朗的口岸，咱又不是第一次被收费，我又问："关键是你收费之后我是否能够马上办好手续离开？"

他说："不能马上办好，要排队。但我可以帮你填写表格，并与海关沟通。"

我没有贸然接受他的代理提议。如果要排队办理，我干吗非要找你呢？我不会找一个更能干的人吗？正在思量之间，朋友再次提议道："里面那个大胡子肯定是领导，你去找找他嘛。"

咱们中国人办事，每当遇阻，一大半的中国人第一反应总是想到要去找人。知道要找某个人去解决问题是容易的，是个中国人都会出这个主意。关键是怎么找才能不让人给轰出来？找了说什么才能打动对方？

很遗憾的是，这里的海关大厅不允许拍照，所以没有大厅内部的照片。其实好几次我都想举相机来着，但都遭到保安的制止，只好作罢。

此前我从阿塞拜疆进伊朗时，海关可以拍照，想来其实应该有两个原因。第一个就是当时有伊朗当地的代办捎客贾巴领着，有什么事情他可以帮忙摆平，我的胆子瞬间就变得大了许多；另一个原因就是阿塞拜疆与伊朗同为伊斯兰教国家，且都是什叶派，他们之间的戒备心明显要小许多，伊阿边境的防范没有那么严。

反观亚美尼亚，这个国家是公认的世界上第一个基督教国家，亚美尼亚与伊斯兰教的突厥人国家土耳其、阿塞拜疆都是世仇，因此才会出现这种在亚美尼亚和伊朗边境的控制要相对紧张许多的状况发生。

那天在伊朗海关和一大拨儿大货车司机一起排着队等待审理汽车手续，以便出关去往亚美尼亚。海关柜台后面的办公桌那里，坐着一位身材魁梧的大胡子男士。看架势，他显然就是这里的一个分管领导。

正在琢磨该怎么去接近他的时候，大胡子起身从柜台口走了出来，去到大厅另一侧的一个办公室。须臾，他从那间办公室出来，准备回到柜台里面去。于是我赶紧过去拦下他，一边笑眯眯地冲他说："Hello, how do you do, sir？"

大胡子愣了一下，也用英文说道："How do you do？ Where are you from？（你好，你从哪里来？）"

他会说英文，这倒是在我意料之中，虽然他的英语中带着浓郁的波斯苞米楂子味儿。作为伊朗海关一个专门与过往货主、游客打交道的部门领导，要是不会说几句外语，那倒是奇怪了。

只要搭上话了，接下来的事情就好办了。

要是和美国人聊天儿，你说，你们那个fucking奥巴马真不像话，弄得都是一些什么fucking政策，完全不考虑咱们那个fucking老百姓的利益啊！听了你这话，那个美国人没准儿就会喜笑颜开，高兴地说，Yes, I think so！

但是，在伊朗，你若这样说话，那就惨了。因为越是贫穷弱小的国家，越是自尊心超强。曾经，在我个人经历中的一个学习阶段里，我们班上来了两个30岁左右的朝鲜学生，他们是平壤大学的讲师，公派留学来的。他们的自尊心之强，对别人看待他们的目光之敏感，完全便与发情的公鸡无异，弄得全班同学几乎没人敢与他们接触。麻烦的是，又不能完全不理他们，那样会让他们感觉受到歧视而发更大的脾气。只好虚与委蛇，累啊，大家都累，往事不堪回首！

伊朗边关的这些官员，虽然不可避免地会有一些贪腐，但囿于严苛的伊斯兰教义，他们的胆子绝对比不上某些国家的那些领导更大。当一个人、一个民族一切向钱看的时候，他们的心中就没有了理想、信念、尊严的位置。在那种情势下，我要是光靠一张嘴就肯定不好使，人家只认钱。好在伊朗的这位大胡子官员还留存了不少民族主义的情怀，还有情怀那就好办，你来我往十几句话之后，咱们双方的距离急剧缩短。然后，我小结道："中国和伊朗，我们是兄弟！是朋友！"为了证明我的论点，我顺手又举了一个中国曾经在伊朗与伊拉克打仗的最关键时候出售给伊朗的飞机、坦克、大炮的例子，并将中国产的武器与伊朗国产武器做了一些小小的比较。聊到开心，我甚至擅自表态——俺们坚决支持你们伊朗的抗美斗争！

对我的兄弟之论，他深表赞同，高兴地拉着我说："来来来，进来进来！"

于是，经过他的邀请，我就在众目睽睽之下，进入到了伊朗海关办事大厅柜台的里面。进去后，大胡子吩咐一位年轻的海关官员给我搬来一把椅子到他办公桌旁边坐着，然后又问我 tea or coffee（要茶还是要咖啡），我说那就 tea 吧。他手下那小伙子赶紧地一溜小跑，就把一杯红茶和一小碟类似于饼干的小点心端到了我面前。

这个时候，早已经过了午餐时间，我和我的朋友都还饿着肚子呢。于是，我赧颜笑道："不好意思，我的朋友还在外面大厅等着呢。"

大胡子爽朗地一挥手，说："请进来，一起！"

然后，朋友也进来坐到大胡子官员的办公桌前。在那个时候，我的朋友已经饿得绿了眼睛，直接就将桌上小碟里的点心一扫而空。而我则只好饥肠辘辘地和大胡子官员畅谈伊朗文明、宗教信仰、国际形势等宏大主题……

再然后呢？

再然后还用问吗？一切绿灯。

结束了和大胡子官员愉快的龙门阵，在他的关照下，我们在缴纳了伊朗海关规定的相关费用之后，很快就办好了一切出关所需的手续，终于把我的那辆横穿了亚欧大陆的中国牌照小汽车驶到了伊朗和亚美尼亚之间的界桥上。

在伊朗与亚美尼亚的界桥上

排在我前面的是一辆伊朗小汽车，因为要出国，它车牌上的波斯数字已经换成了亚美尼亚人能读懂的阿拉伯数字。

在那一瞬，风儿顺着山谷轻轻地吹来。

我的背后是伊朗，前方是亚美尼亚共和国。

跋

《圣经》记载，历史悠久的亚美尼亚是大洪水之后诺亚方舟的停靠地。这个美丽的山国也是世界上第一个基督教国家。据报道，1915—1923 年，奥斯曼土耳其帝国惨绝人寰地屠杀了约 150 万亚美尼亚人。1978 年，联合国将此事件定性为"种族灭绝"，它与纳粹的犹太人屠杀和卢旺达种族大屠杀并称为 20 世纪三大种族屠杀。

那天，离开伊朗进入亚美尼亚时，我随车从中国带过来的一筒中国警用辣椒水被亚美尼亚边检军官在检查随车行李时搜出，被当场收缴。那筒警用辣椒水是出发之前一位警察朋友送给我防身用的。本来另一位警察朋友还要给我一支警用电棍带在路上，我没敢要。一个原因是怕那个东西过不了他国海关；而另一个原因，如果国外发生状况，譬如说被歹人拦下，咱孤悬海外，不明就里，选择动武绝非良策，咱得智取不是吗？本来人家可能就是抢一点儿东西，结果发现我带了电棍这样的攻击性武器，说不定就会勾起对方的杀戮之心，反倒引火烧身。

漂泊在这世界，夫到那些奇奇怪怪的地方，总会碰见一些奇奇怪怪的人与事，历经险象是不可避免的。可是，冒险本身并非游荡天下的目的，毋宁说，冒险只不过是一种迫不得已的手段，通过它，我们得以暂时摆脱符号的禁锢、超越幻象的迷局。否则，不如就待在家里，在自家城市局促的人造空间之中寻得一些快慰岂不也好？实在无聊了还可以读一点儿心灵鸡汤；如果对自己文笔的流畅和情感的丰富有信心的话，甚至亲自提笔炮制，然后在虚构的感动中混过余生。

但那又如何呢？

东闯蒙古，西驾伊朗，中间纵横俄罗斯，2015 年夏天的那场驾车七万里穿行于亚欧大陆六国之旅，有风雨也有阳光，艰辛而又快乐。回家后的日子，

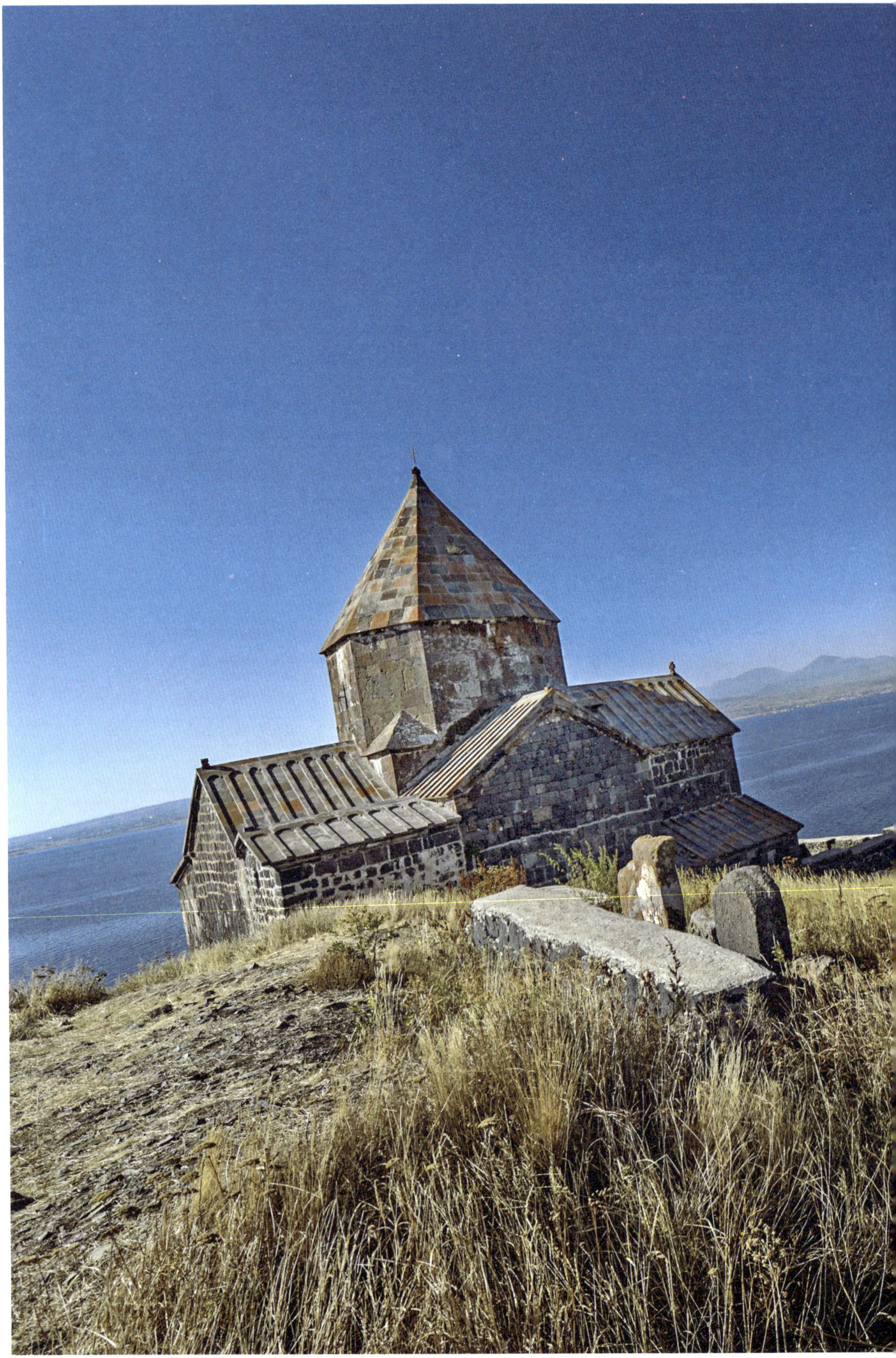

亚美尼亚塞凡湖

平静自然，虽然没有了旅途的荡气回肠与扑朔迷离，但也祥和踏实。闲暇，与各色见多识广的朋友聚在一起，天南海北，把酒言欢，沉醉于那种种匪夷所思、险象环生的神秘经历与人生际遇之中。

冒险有瘾，不是吗？

2016年春天，在H哥相邀的那次小型聚会中，新加坡的Alfred建议我们一起去攀登非洲的乞力马扎罗雪山。从那以后，这个念头就像一颗顽强的种子，不经意间便在心中悄然扎根。九月，Alfred去到了希腊的圣托里尼岛。在微信里，他兴致勃勃地告诉曾经也去过该岛的我，据他了解，在那个岛上，买下一间客栈只需15万左右的欧元。他动心了，想去圣托里尼岛置业，当一个客栈老板，一边赏景，一边赚钱。表面上我称颂他的创意，但实际上并不真的看好此事前景。至今未婚的浪子Alfred满世界飘荡，怎么可能会被一间客栈拴在爱琴海中的一个孤岛上呢？而H哥又回到了澳大利亚，继续他那悠闲的澳洲生活，驾着车游荡于澳洲大陆的那些鲜为人知的角落，看看蓝天、晒晒太阳、种种花、钓钓鱼。每年抽空就跑到咱们中国来会会老朋友，吃吃川菜、渝菜。

希腊圣托里尼岛

秋天的时候，草木黄落、缥缈迷茫，不由得就会泛起一些缱绻。在重庆的那间凌乱而又充满秋阳的小小书斋里，一边憧憬着海明威的乞力马扎罗雪山，一边慢悠悠地就写下了这本书。

海明威喜欢的鸡尾酒 Mojito 是以朗姆酒为基酒调制出来的，据说他的《老人与海》便是蘸着 Mojito 写出来的。

朗姆酒也称海盗酒。16 世纪时欧洲的霸主是西班牙，当时英国还很弱小。为了与西班牙抗衡，英国政府授权给英国海盗，由国家向他们投资武器装备与船只，抢来的财物由海盗与国家一起分红。这其中著名的海盗就是传奇的佛朗西斯·德雷克爵士，据说他每次出海远征都要带上几十个大木桶的朗姆酒。当西班牙运金船终于出现时，海盗们借朗姆酒壮胆，高声呐喊，冲向装备精良、训练有素的西班牙战船。每当在战斗中负伤，他们会喝朗姆酒止痛，将朗姆酒倒在伤口上消毒。取得胜利满载而归之后，他们会畅饮朗姆酒狂欢庆祝。德雷克爵士和他的海盗们在朗姆酒的陪伴下一次又一次地击败了西班牙人，抢夺了无数财宝。传说当今英国女王王冠上的宝石就是德雷克爵士从西班牙人手里硬生生抢来的。

从德雷克爵士那个充满激情的年代开始，朗姆酒便与冒险精神联系在一起，成为自由、野性、狂热、浪漫的象征。今天，每一口朗姆酒都会以新奇而刺激的口感向我们讲述一个关于光荣与梦想的传说。如果我们尚未老去，又怎能错过了它？

生若朝露，去留风尘。脆弱的生命往往在最不经意的时刻便轻易流逝，一如心中那黯然消退的色彩。然而，当眼中的世界真的渐渐回复到最原始的黑白灰，我们会发现，曾经所畏惧的一切其实都并没有那么可怕。

西班牙斗牛士的故乡、西班牙南部小镇龙达（Ronda）矗立在悬崖之上，因其视野开阔、清新质朴、远离尘嚣而遐迩闻名。站在龙达那绝壁之巅的白色小屋前，俯瞰脚下那刀砍斧削般险要的万丈深渊，立即就会意识到，在那一刻，我们悄然之间便拥有了全世界最不可复制的心情。在龙达，左边是蓝天白屋花香满地，右边是人迹罕至空谷幽鸣，营造浪漫的美景和私密都有了。

可以乘马车、看教堂、逛斗牛场,当夜色降临的时候,挑一个酒吧,一边品品红酒,一边与西班牙女郎聊聊天儿,顺便还可以欣赏一下最正宗的弗拉明戈表演。

龙达的另一个名声来自海明威。在小说《死在午后》中,他写道:"如果你想要去西班牙度蜜月或者跟人私奔的话,龙达是最合适的地方,整个城市目之所及都是浪漫的风景。"因为海明威的书,龙达现已成为世界上最适合私奔的所在。不过,与其说人们赞赏私奔,不如说是佩服私奔背后的勇气和胆量。当人们从世界各地来到龙达,也许是为了逃避,或者为了反抗,当然,更有可能是为了浪漫。而所谓浪漫,就是从全新的视角重新诠释你的爱,从而得到前所未有的情感品味。

西班牙龙达小镇

一点儿险峻、一点儿神秘、一点儿唯美，构成了龙达特有的魅力。来到这里，体验的就是世间最具治愈力的情感历程。在这场浪漫的冒险中，你可能一无所获，也可能遍体鳞伤，更可能的是你的心也许从此就被一条无形的丝线牢牢拴住……

有些时候，海明威看起来似乎真的就像一个心灵鸡汤段子手。但有一点本质的区别，无病呻吟、用词浮夸的段子手们只不过是利用连他们自己都不真的相信的段子混口饭吃，海明威则是用生命在书写。尽管他的语言极尽质朴之能事，但却能持久地撩拨人们灵魂深处那份不为人知的柔软。生命是如此脆弱，在生与死的瞬间，虽然人们定会有所领悟，但却从来没有人在跨过了横亘于生死之间的那道坎儿之后平静地回过头来，用满是沧桑的语气告诉我们，曾经的那些选择到底是无关痛痒、毫无意义呢，还是揭示了某种暗中铭刻在命运之中的天道轮回？

这似乎是一个永远也找不到答案的问题，也是一个不需要答案的问题。我们是我们之所为，而非我们之所想。那么，就不要再劳烦自己的大脑，每一刻难过的时候，走出去，独自看一看大海，让心中所有的困惑与隐秘的欲望如其所是。

2017 年 5 月 25 日定稿于重庆

波斯眼睛

旅行家传奇

冒险雷探长：秘境诅咒
作者　陈雷
ISBN 978-7-5031-9812-0
定价：48.00 元

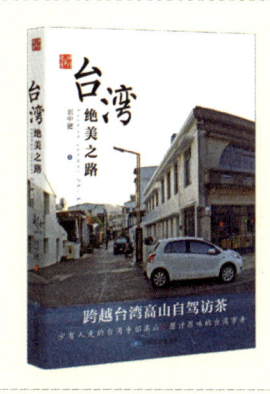

台湾绝美之路
作者　刘中健
ISBN 978-7-5031-9856-4
定价：49.00 元

遇见欧洲，遇见童话
作者　魏无心
ISBN 978-7-5031-8958-6
定价：48.00 元

就这样，我睡了全世界的沙发
作者　潘靖仪
ISBN 978-7-5031-9110-7
定价：35.00 元

西岭雪：走一步看一步
作者　西岭雪
ISBN 978-7-5031-8048-4
定价：46.00 元

行走在心灵之间
作者　周小媛
ISBN 978-7-5031-8357-7
定价：39.00 元

欧洲不远：101 天行走欧洲
作者　张启新
ISBN 978-7-5031-9196-1
定价：39.00 元

在世界，闲停信步
作者　小鱼
ISBN 978-7-5031-8517-5
定价：29.80 元

旅行家传奇

最欧洲：
我的自驾三万里

作者　赵淳
ISBN 978-7-5031-8455-0
定价：49.00 元

冒险有瘾：
东边蒙古，西边伊朗

作者　赵淳
ISBN 978-7-5031-9903-5
定价：49.00 元

遇见喜马拉雅

作者　李国平
ISBN 978-7-5031-9352-1
定价：46.00 元

扬帆追梦：
帆船自驾环球之旅

作者　万军
ISBN 978-7-5031-8528-1
定价：32.00 元

遇见格桑花：
带着孩子去西藏

作者　绿豆　芝麻
ISBN 978-7-5031-8662-2
定价：48.00 元

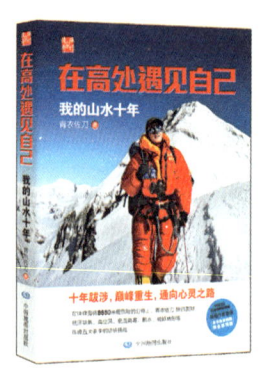

在高处遇见自己：
我的山水十年

作者　青衣佐刀
ISBN 978-7-5031-7640-1
定价：49.00 元

小驴佳佳：
画说非洲

作者　小驴佳佳
ISBN 978-7-5031-8459-8
定价：39.00 元

贺兰山：
一部立着的史诗

作者　唐荣尧
ISBN 978-7-5031-9501-3
定价：58.00 元

微信扫一扫，可直接比价购买！